DK | Penguin Random House

Original Title: Heads Up Money
Copyright © Dorling Kindersley Limited, 2016
A Penguin Random House Company

本书中文简体版专有出版权由Dorling Kindersley Limited授予电子工业出版社，未经许可，不得以任何方式复制或抄袭本书的任何部分。

版权贸易合同登记号 图字：01-2018-4650

图书在版编目（CIP）数据

DK秒懂百科. 经济学 /（英）马库斯·威克斯著；陈彦坤，马巍译. -- 北京：电子工业出版社，2025.3.
ISBN 978-7-121-49664-6
Ⅰ. Z228.2；F0-49
中国国家版本馆CIP数据核字第2025QJ7467号

审图号：GS京（2025）0868号
本书中第20、21、27、68、85、90、91、93、98、105、106、107、121、138、146页地图系原文插图。

责任编辑：高　爽
印刷：惠州市金宣发智能包装科技有限公司
装订：惠州市金宣发智能包装科技有限公司
出版发行：电子工业出版社
北京市海淀区万寿路173信箱　邮编：100036
开本：889×1194　1/16　印张：10　字数：325千字
版次：2025年3月第1版
印次：2025年3月第1次印刷
定价：88.00元

凡所购买电子工业出版社图书有缺损问题，请向购买书店调换。
若书店售缺，请与本社发行部联系，联系及邮购电话：(010) 88254888, 88258888。
质量投诉请发邮件至 zlts@phei.com.cn，盗版侵权举报请发邮件至 dbqq@phei.com.cn。
本书咨询联系方式：(010) 88254161 转 1952，gaoshuang@phei.com.cn。

www.dk.com

DK秒懂百科
经济学

[英]马库斯·威克斯 著　陈彦坤 马巍 译

DK秒懂百科
经济学

[英]马库斯·威克斯 著 陈彦坤 马巍 译

电子工业出版社
Publishing House of Electronics Industry
北京·BEIJING

绪言

6 货币王国
8 经济学家都做些什么

货币介绍

12 什么是货币
14 上市
16 货币演变史
18 公平交换
20 货币去哪里了
22 焦点 加密数字货币
24 理解经济学
26 货币与经济学的实践应用

价值几何

30 经济问题
32 谁得到了什么
34 焦点 道德贸易
36 商品与服务
38 供应和需求
40 为什么有的物品价格更高
42 分工合作的行业
44 焦点 上市公司
46 健康的竞争
48 谁来负责
50 企业如何运营
52 高效运营一家企业
54 焦点 合作运动
56 出发去工作
58 开支大户
60 资源与企业的实际应用

金钱是世界发展的动力吗

- 64 适可而止
- 66 自由贸易
- 68 世界正在变小
- 70 经济起伏
- 72 焦点 经济泡沫
- 74 如果市场无法发挥作用
- 76 税务问题
- 78 未来将会怎样
- 80 陷入危机
- 82 一场知情的豪赌
- 84 焦点 恶性通货膨胀
- 86 贪婪是对还是错
- 88 做出正确的决定
- 90 焦点 2007年至2008年金融危机
- 92 以地球为代价
- 94 市场与贸易实践

金钱能否买来幸福

- 98 衡量一个国家/地区富裕程度的标准
- 100 谁来提供货币
- 102 货币从何而来
- 104 为什么有的国家穷困
- 106 焦点 国际金融机构
- 108 谁能够从全球化中获益
- 110 贫困问题
- 112 帮助发展中国家
- 114 焦点 提供能源
- 116 偿付时刻
- 118 工资差距
- 120 生活标准与不均

你的口袋里有什么

- 124 求得平衡
- 126 谋生之道
- 128 安全的藏金之所
- 130 你是否真的需要
- 132 看好每一分钱
- 134 花明天的钱
- 136 焦点 按工论酬
- 138 请选择支付方式
- 140 旅行资金
- 142 未雨绸缪
- 144 制订计划
- 146 个人财务实践

- 148 经济学家名录
- 152 词汇表
- 156 索引
- 160 致谢

货币王国

有人说："金钱是推动世界发展的动力。"确实，货币似乎是我们生活中的必需品。我们每天都在使用货币，却很少有人了解货币的真正含义，以及货币存在的重要意义。究竟凭借什么，我们才能用这些纸币、硬币或者塑料货币交换到需要的物品？经济如何影响商业发展和我们所从事的工作？经济又是如何影响我们的环境、社会甚至整个世界的呢？为了获得我们期望的生活，保证美好的未来，我们需要考虑哪些因素？

没有货币，我们可能会没有选择，只能接受以物易物的原始的交换方式和反复的讨价还价。你能想象这种方式多么耗时而低效吗？作为一种交换方式，货币的发明提升了经济运转的速度和效率，为全球商业运营提供了可能。在麦西亚国王奥法（King Offa of Mercia，757—796）统治期间，斯特灵（Sterling）率先在英国发行货币：240银便士等于一磅白银，英镑（pound sterling）的名字也由此而来。美国在1785年推出了金本位美元货币制度：1单位（美元）等于270格令（grain，英美制最小质量单位，1格令等于0.0648克）黄金或416格令白银。在纸币被全面接受之后，货币单位与黄金和白银绑定的局面结束，纸币（法定货币）成为了新的标准。

绪言

当今经济采用了以法定货币为主、以其他支付方式为辅的货币体系，包括信用卡、借记卡、预付卡及各类非接触移动支付方式。

货币可以用于衡量价值、存储价值（以储蓄的形式），也可以在不同的个体之间转移价值。现在，货币不仅可以为贸易提供便利，而且货币本身也因为可以用于投机而成为一项重要的交易目标。目前，通过全球货币市场交换的货币额达到了5万亿美元以上，但其中只有1%与实际贸易相关，其余99%全部为关于货币本身的交易！经济在很多方面影响着我们的生活，也支撑着我们从事的行业和政府的运行，甚至关系到我们口袋中的每一分钱及我们花钱的方式。

经济学家都做些什么？

学院派经济学家

教学经济学家
大多数高等院校都开设了经济学课程，这门课程也是有志于投身商业或金融业及政府部门的学生们的普遍选择。

研究经济学家
很多经济学专业的学生会在大学毕业后继续自己的经济学学业，部分学生经深造会成为学术经济学家和教授，研究经济学理论。

公共部门经济学家

政治经济学家
政治行业为经济学专业的学生提供了众多职业选择。很多政治家也曾学习过经济学，政府也会雇用专业的经济学家来提供政策建议。

政府经济学家
很多政府部门都需要专业的经济学家，例如税务和财务部门，以及所有行政服务部门。

私营部门经济学家

银行业
经济学专业的毕业生可以进入银行工作，包括位于繁华街道的、针对个人和小型企业的银行，以及为大型企业提供金融服务的投资银行。

贸易商与分析师
在股票交易市场或大宗商品市场等金融市场的贸易商，学习经济学知识十分有用。经济学家也会作为分析师和顾问进入贸易公司。

绪言

经济学家会分析政府、企业和个人管理资源，以及提供不同的商品与服务方式。有些学习过经济学的人也会从事与经济学相关的工作，例如，成为政府或企业的经济顾问，或者在高等院校教授经济学课程。还有很多人会选择公共和私营领域的其他职业，更直接地利用其经济学知识。

宏观经济学	微观经济学	应用经济学
经济学研究包括两个主要的领域：宏观经济学和微观经济学。宏观经济学研究的对象是国家和地区的经济及其政府。	微观经济学关注的是经济的具体领域，并考察个人和商家买卖商品及服务的经济行为。	经济学专业的学生经常会研究一些与经济理念相关的课题，例如商业研究、政治、法律和社会学，也会涉及哲学研究。

发展经济学

大型国际组织也需要经济学家，例如联合国和世界银行。专注于发展经济学的专家也经常为援助机构和慈善组织工作。

财务顾问和会计	新闻媒体行业
部分经济学家会作为会计或财务顾问，为企业、保险公司或个人提供储蓄、税务和投资方面的指导。	电视、广播和报纸行业经常会聘请具有经济学专业背景的记者以报道热点时事新闻，并提供相关分析。

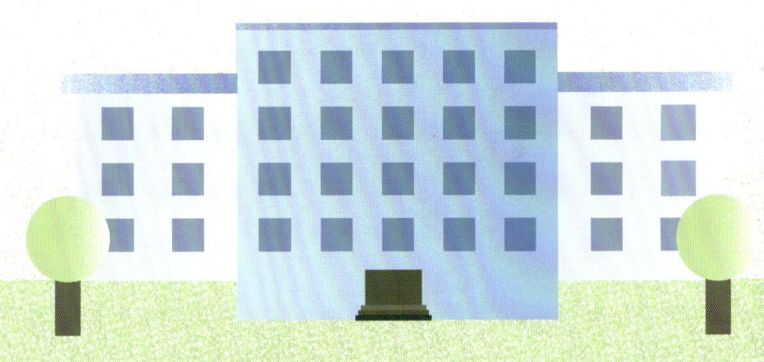

货币介绍

什么是货币

上市

货币演变史

公平交换

货币去哪里了

理解经济学

货币对我们生活的各个方面都有重要影响。我们努力挣钱以购买生活所需,并为未来储蓄财富。我们也用货币交换不同的商品和服务。经济学研究的对象不仅包括货币,还包括商品和服务的生产与管理方式。

货币介绍

什么是货币

货币是人们日常生活中不可缺少的一部分。每个人都会努力挣钱，甚至有些人还会冒巨大的风险来获取金钱。有时，我们会通过一个人拥有的货币来判断他是否成功或者有多么成功。然而，同样有人因为货币不足而饱受煎熬。

钱，金钱，货币

货币究竟是什么？提到货币，大多数人第一时间想到的是现金——放在口袋或钱包里的纸币和硬币。但是，还有一些并不明显或者隐性的货币，例如，你可能收到过亲戚作为礼物送给你的支票，或者某家商场发送的优惠券。很多人还会开设银行账户，用来存储大部分货币。除了每个月对账单显示的数字，我们可能很少有机会看到真实的货币。此外，信用卡、借记卡及在线支付方式也都需要货币。

让我们交换吧！

货币可能有很多不同的形式，但所有的形式都有一个共性——用它来买东西，经济学家称之为"交换媒介"。如果有人提供了我们需要或想要的东西，我们可以用自己拥有的东西进行交换。打个比方，一个朋友得到了足球赛门票，但她并不喜欢看球赛，那么我就可以用手中多余的一副耳机来交换。或者，我也可以把耳机卖给别人，然后用货币购买她手里的门票。我购买耳机的货币对我来说用处更大，因为我可以用它来购买各类物品，跟任何想要耳机的人交换。

……用于衡量价值

……货币用于储蓄

> **货币是决定历史进程的最重要的因素。**
> 《共产党宣言》

⬆ 有什么作用？

货币有3个主要作用：存储（或储蓄）价值，是衡量物品价值的统一单位，是购买商品或服务的交换媒介。

货币与经济学

……用于交换物品。

> **对金钱的贪婪是万恶之源。**
>
> 《钦定版圣经（King James Version of the Bible, KJV; 圣经诸多英文版本之一）》

另请参见：第22～23页，第102～103页

持久的价值

这是货币的一项重要功能——用于为未来储蓄，经济学家称之为"价值储蓄"功能。我们努力工作，并因此获得报酬。如果没有货币，我们的报酬可能变成物品，例如食物或其他必需品。但货币形式的薪酬，或者直接存入银行账户的货币，能够让我们通过支付账单来购买食品和衣物，还可以用来做很多其他事情。满足日常所需之后的余钱可以存起来留待以后使用。艺术品、房产或土地等很多其他形式也可以用来存储价值，但货币是其中最灵活且最便于流通的形式。要想发挥储蓄的作用，货币的价值就必须能够经历时间的考验，也就是说，货币不会因为时间久远而失效，这样我们才能根据需要随时使用银行账户中存储的货币。

> 货币学，顾名思义，研究的是货币或者货币集合，例如硬币和纸币。

定价格

现在的问题是足球赛门票价值几何？耳机又值多少钱？交换两种差别极大的物品时，我们很难判断交换是否公平，除非我们能够找到一种衡量不同物品价值的通用方法。这就是货币的另一项重要功能：货币可以为物品定价，发挥其"记账单位"的功能。货币是一种系统单位，美元、英镑、欧元、日元或人民币等货币都具有基本相同的功能。我们可以使用这些单位定义物品的价格，以比较不同物品的价值，推动交换的完成。

货币本身有价值吗？

想象一下，如果你乘坐的船只沉没，你扒着木板漂流到一个荒芜的小岛。海滩上随海浪漂过来一些物品：一个塞满钞票的箱子、一个装满黄金的箱子和一个装满罐头与食物的箱子。你会选哪个？或者，你认为哪个最重要？在一个荒无人烟、无处消费的小岛上，钞票或黄金是否具有价值呢？

货币介绍

上市

在大多数人眼中，市场通常意味着云集的摊贩、此起彼伏的叫卖声，以及琳琅满目的商品——水果、蔬菜和其他日用品。现代化超级市场或购物中心也同样脱胎于市场。不过，经济学家口中的"市场"具有更广泛的含义，包括所有品类商品和服务的交换。

> 在古希腊，市场或集会是一座城市的社交和政治中心。

获得我们所需

在经济学领域，市场并不特指一个地点，而是代表我们获取自己所需（例如食物、衣物和用具）的方式。同样，这也是生产商向我们销售这些产品的方式。打个比方，一家生产自行车的公司，可以摆摊出售自行车，但更常见的还是专卖店和网络销售模式——这些都是不同的"上市"方式。

当人们习惯于聚集在特定的地点买卖物品时，市场自然会出现。人们占据特定的位置，设立摊位出售自己生产的

> **供应**始终追随**需求**的脚步（有需求就有市场）。
>
> 罗伯特·科利尔，自助书（励志）作家

物品（例如食物），或者提供服务（例如理发）等，做他们擅长的事情。在当代城市中，传统市场的数量逐步减少，取而代之的是包罗万象的超级市场和购物中心——从生活用品到电器和衣物一应俱全。在繁华的街道和购物中心，我们也可以发现提供各类服务的场所——理发店、律师事务所、饭店和眼镜店等。门店和办公室是人们提供其专业技能和知识的场所。

⬇ 商品与服务

各类商品生产商及服务提供商通过将产品上市的方法展开销售。买家则在丰富并且通常会相互关联的商品和服务中进行选择。

商品通常都经过加工……   ……制成

货币与经济学

特殊市场

有的市场专卖一类产品，例如在沿海城镇通常会形成专门的海鲜市场。不过，大众并非此类市场的主要买家，对商品做进一步加工的中间商才是这里的常客。例如，一位农民将玉米出售给加工厂，后者将玉米加工制成玉米面。不仅农产品，很多行业都会形成专门的市场。就像从普通露天市场发展而来的海鲜市场和玉米市场一样，很多工业城市和港口也会形成专门的交易市场，例如钢材市场、煤炭市场和钻石市场。

买与卖

在专门市场出售的商品称为大宗商品，通过专门的大宗商品市场进行交易。从咖啡和茶叶到金属与塑料，大宗商品市场出售的产品种类繁多，而且数量庞大，因此这些商品无法被直接带到交易现场。鉴于此，大宗商品市场就成了贸易商会面和协商价格并达成交易的场所。通常贸易商并非为自己出售和购买商品，他们代表生产商（例如农场）

股票市场

股票市场是人们买卖公司股票或股份的地方。纽约、伦敦和东京等城市都设立了股票交易所。还有一种针对电子交易的虚拟市场，例如纳斯达克（NASDAQ，美国国家证券业者自动报价系统协会）。

出售农作物，或代表进行深加工的行业来采购，例如食品加工厂。在所有类型的市场中，无论是简单的摊位、百货商店，还是大宗商品市场，买与卖的原理是相同的，即提供资源分配手段、平衡供应（卖家出售的产品）与需求（买家需求的产品）之间的关系。

另请参见：36~37页

> 一切商品作为价值都是物化的人类劳动。
>
> 卡尔·马克思

商品

……且需要服务。

货币演变史

第一种纸币是970年到1279年在中国出现的"交子"。

在货币发明之前,人们习惯以物易物或者相互交换商品和服务。这种交易要求交易双方同时拥有对方需要的东西,这无疑会增加交换的难度。要解决这个问题,他们需要找出一个双方甚至所有人都能够接受的有价值的物品。于是,货币应运而生,成为人们买卖的媒介。

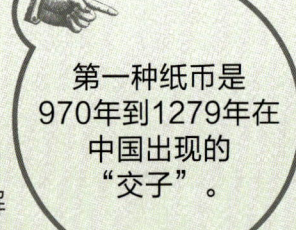

价值几何?

为了取代烦琐的物物交换,古人发明了很多不同形式的货币。但这些货币与我们当前的货币概念截然不同,古人选择了生活中必要的或有用的物品,例如一袋玉米或小麦作为交换介质。这种"商品货币"可以用于购买任何物品,谷物的质量将决定购买物品的价格。不仅食物具有作为货币的价值,贵重的石头和金属甚至贝壳也都曾经充当过货币的角色。使用这些货币的一个优势在于,因为"货币"本身具有价值,所以它们不会被随意丢弃,而且便利性远高于沉重的谷物。在地中海和中东地区的古文明时代,金和银成为主要的交换媒介,人们使用特定数量的两种贵金属来交换商品。

> **黄金仍是全球最终的支付方式。**
> 艾伦·格林斯潘,美国前联邦储备局主席

金属钱币和纸币

为方便起见,人们开始铸造标准质量的金币和银币,选用了小圆饼形式是为了方便携带。并且,为了避免称重的麻烦,金币和银币上标明了质量,可辨识的金属钱币从此诞生。随着传播范围的扩大,此类金属钱币开始添加当局的标志,例如国家元首的头像,以彰显其权威和地位,并为标准质量和品质担保。金属钱币形式的货币得到了全球的普遍认可,并沿用至今。

商品货币的理念,例如,以等量价值的黄金或白银定价物品,也在不断演进。如果有人将一笔金属钱币存到银行(钱庄),银行将提供一张纸质收据。纸质收据可以用于在未来需要的时候提取货

金本位制度

金本位制度是很多国家稳定货币的一种方法。具体做法是将货币价值与稀有且高价值的资源——黄金绑定。一种货币,例如美元,将单位货币的价值固定为特定质量的黄金(即货币含金量)。持有黄金储备的政府发行纸币和硬币,并且允许根据需要自由兑换货币与黄金。

货币与经济学

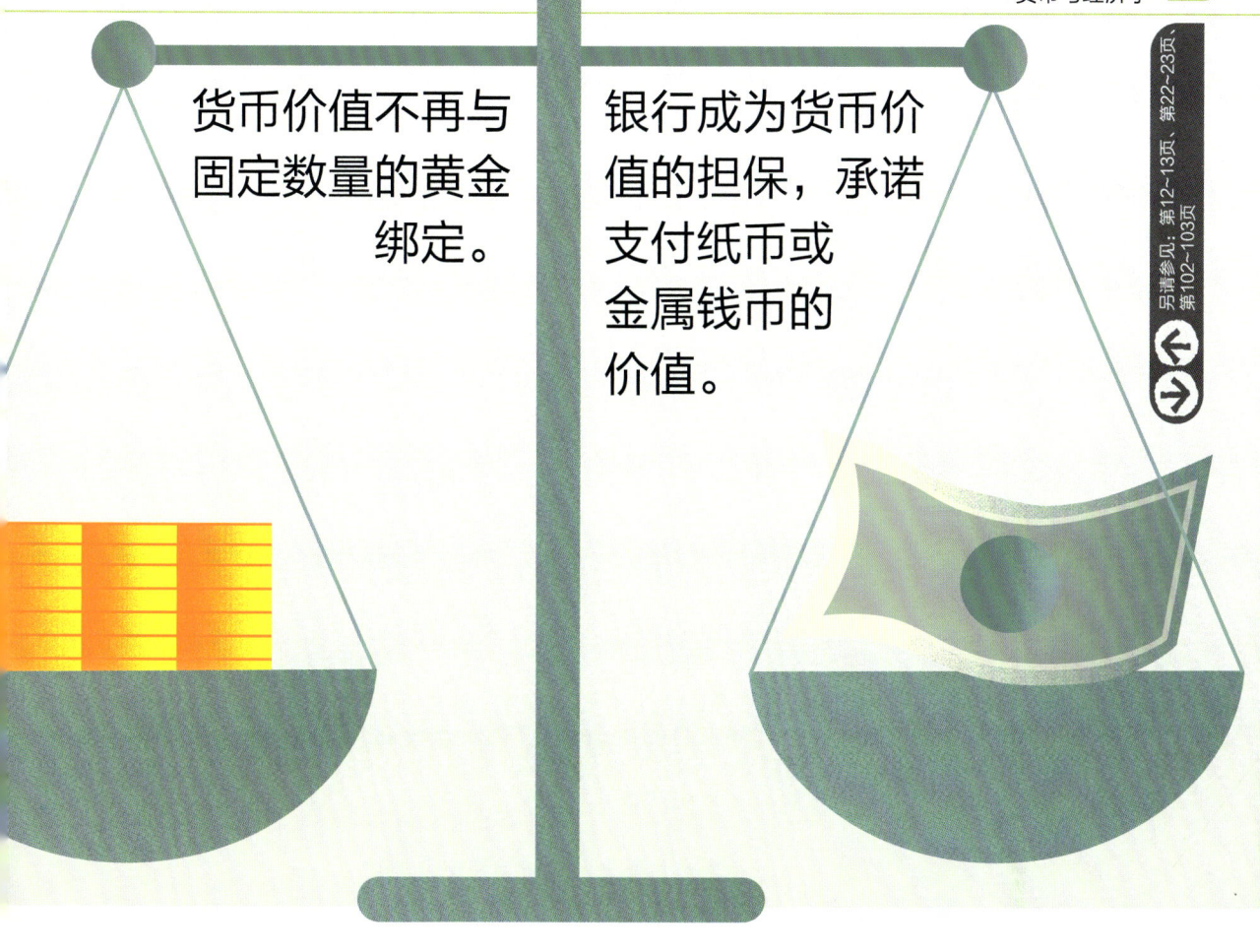

> 货币价值不再与固定数量的黄金绑定。

> 银行成为货币价值的担保,承诺支付纸币或金属钱币的价值。

币。随着时间的推移,作为金属钱币的代替品——纸质收据因为便利性得到了广泛欢迎。这种"纸质货币"是银行发放的凭证,没有实际价值,只能证明银行将支付指定数量金币或银币的承诺。

法定货币

尽管仍作为货币使用,但钱币也发生了变化。在发现货币并不需要任何实际价值之后,各个国家开始铸造使用非贵重金属的钱币。与银行凭证类似,这些钱币本身并不具有太多价值,但能够代表特定数量的货币并用于交换有价值的物品。这种使用几乎毫无价值的物品作为支付方式的系统称为"不兑现货币"(fiat money,源于拉丁语fiat,意思是'法定')",也就是我们常说的"legal tender(法定货币)"。大多数国家的法定钱币和纸币的价值由发行银行或政府公布,并通过法律确定。

⊙ **纸黄金**
纸币本身几乎没有任何价值,但代表了银行的承诺,即向持有者支付的公布金额(最初为黄金)。

> **银行创造货币**的过程如此简单,让人心生疑虑。
>
> 约翰·肯尼思·加尔布雷斯

货币介绍

公平交换

货币已经深入世界的各个角落，用于买卖、支付工资和为物品定价。不过，货币也存在地域差异。不同国家和地区的货币单位甚至货币本身都可能出现极大的差别，例如美国的美元、英国的英镑、日本的日元和中国的人民币。

> 联合国承认的法定货币有180种。

货币语言

通常政府负责本国货币的印制，监管包括硬币和纸币在内的钞票印制。货币一般在印钞厂印制，并通过银行发行。由于有政府担保，大多数国家和地区的居民对本国或本地区"法定货币"（参见第17页）的信赖程度较高。每个国家都有专门的政府机构负责确定使用的货币单位。因此，就像语言一样，货币也会因地而异。如果你去国外，一般都需要兑换当地货币才能购买物品，例如从纽约到巴黎的游客需要用美元兑换欧元。

货币的价格

我们使用的很多物品并非本国所产，而是来自国外的进口货。很多公司也会在全球销售他们的产品。这种国际贸易通常会涉及不同的货币，因此要完成交易，我们需要一种方法来保证不同货币之间的顺利交换。在国外旅行时，人们可以通过银行或外汇局——一个专门处理货币兑换业务的机构来获得外币。货币将以特定的汇率进行兑换，例如1美元兑换一定数量的人民币。两国之间的贸易也会用到汇率，例如，美国一家公司出

售商品时以美元为计价单位，客户使用汇率换算成本国货币的价格，以确定是否兑换货币并购买商品。

坚挺与疲软

人们兑换货币的过程可以看作是购买外币。尽管听起来有些奇怪，但买卖货币确实就是银行和外汇局的工作，而汇率就是该货币的价格。由此看来，货币与其他可以买卖的商品一样，并没有本质区别。事实上，外汇市场是专门处理货币交换的地方，也是根据货币需求量确定汇率的地方。因此，汇率在随时变化，进而影响国际商品交易的价格。

然而，鉴于汇率由市场确定，使用本国货币兑换的外币数量可能无法精确代表在另一个国家的购买力。相比美元、欧元或人民币等主流货币，对欠发达小国或地区货币的需求通常较弱，其汇率也会相对较低。因此，凭借汇率优势，发达国家的游客可以在此购买相比本国更多的物品。此外，汇率也分为银行提供的官方汇率和实际兑换汇率，两者存在较大的差别。

> **欧元**
>
> 第二次世界大战之后，很多欧洲国家开始联合，以达到促进和平、增强贸易关系的目的。使用单一货币取代各国货币的构想逐步得到了欧盟成员国的认可。1999年，欧元（€）率先用于电子交易；2012年，欧元纸币和硬币在欧元区发行。

> **金钱的代价往往太过高昂。**
> 拉尔夫·瓦尔多·爱默生，美国评论家和诗人

> 货币和语言有一点类似……

> 要在另一个国家或地区购买物品，必须拥有该国家或地区的货币，这意味着你需要将常用货币兑换为其他货币。货币兑换其实就是购买货币的过程。

货币介绍

货币去哪里了

现在,我们使用现金的频率越来越低,我们口袋和钱包里携带的硬币和纸币越来越少。相反,各类银行卡甚至智能手机正在成为主流的支付手段。在此类交易中,我们不会看到或无须接触货币即可完成交易,也就是说,我们无须实际的货币。那么货币都去哪儿了呢?

关乎信赖

实际的货币,无论硬币还是纸币,其本身并不具有价值。货币只是纸片和并不名贵的金属,但它们具有交换价值,因为货币可以用来购买我们想要的物品(请参见第16和17页)。购买物品时,卖方愿意接受货币的原因在于他/她知道可以用获得的货币来交换其他物品。交易的基础是信赖。因为相信这些货币可以用来购买其他物品,所以我们才愿意接受这些纸片或金属作为支付手段。在用货币交换所需要物品的同时,我们做出了承诺,即其他人也可以用收到的货币换取自己需要的物品。事实上,第一张纸币就是这样出现的:一张签字(签押)的纸片,要求银行(钱庄)支付具有实际价值的物品,例如黄金。这种"约定支付票据(本票)"的概念逐步发展成熟,形成了支票系统。无须以现金形式自行保管全部货币,我们可以将货币存储到银行设立的账户中,然后少量提取,或者在需要支付时签署支票。支票也是一种承诺,表示授权银行使用你账户中的货币用于支付。但是,这种操作并不会出现实际的货币交换,只是你的银行账户将扣除支票标注数量的货币,支付对象的账户将获得对应数量的货币。无须将任何黄金、白银或者任意现金从一个位置搬到另一个位置,银行只需简单地更改记录即可完成交易,而记录可以保存在纸上,现在则主要存储在计算机中。

电子化

随着科技的发展,纸质的支票簿也变得可有可无。包含计算机芯片的借记卡和信用卡已经能够全面提供无纸化交易。交易时,需要支付的货币金额将自动从买家账

无现金化 ➡

购买日常用品或满足部分日常需求时,现金有时候可能仍然必不可少。但是,在线购物或手机支付已经变得越来越普及。

货币与经济学

户扣减，并转入卖家账户。无须签名，现在我们使用PIN（个人识别号码）或密码作为凭证。我们也可以使用银行卡在线购物，或者完成账户之间的电子转账。除了支付购买的物品，电子转账也已经成为薪水支付方式的第一选择。我们的财务交易正在变得日益电子化：除了不方便或不屑于使用电子交易的小额交易，现金的使用频率已经大幅度降低。我们可以使用智能手机访问账户并直接完成购买。如果确实需要使用少量的现金，我们也可以通过电子的方式获得，例如使用借记卡从ATM（自动柜员机）取款。

> 信赖是所有货币的本质。
>
> 亚当·斯密

真实存在

即使仅用于小额的日常交易，目前流通领域仍有大量的现金。此外，还有很多人更信赖"真实"的货币，例如现金，他们不喜欢电子交易中看不见也摸不到的虚拟货币。然而，虚拟货币目前已成为绝对主流，提醒我们货币仅在我们信赖其价值时才拥有价值。

97%的所有"现存"货币都只能以虚拟形式存在。

最新形式的货币将完全以电子形式存在

在线货币

货币，或者说硬币和纸币仍然有用，例如购买早餐，但智能卡和智能手机应用程序正在快速推动无现金交易的普及。面部、指纹和声音识别设备让一键式或语音指令式支付在近期成为了现实。

加密数字货币

计算机技术的发展带来了商业模式的变革。在线购物为我们提供了全球购的能力，而货币可以在我们看不见也摸不着的情况下进出我们的账户。有的货币甚至只存在数字形式。

去中心化货币

电子属性正在成为所有货币日趋明显的一项新特征，因为很多货币目前仅存在于银行计算机的存储器中。不过，真正的数字货币也在不断演进，而且这些货币不受中央银行的管理。电子货币使用P2P（点对点）支付系统，意味着用户可以直接交易。这些去中心化货币与政府无关，其价值完全依赖于用户的信赖，而非中央集权政府的保证。

数字货币

随着在线交易量的增加，电子转账变得司空见惯。20世纪90年代，多种以互联网为交易媒介的纯电子货币的出现，催生了"电子货币"的理念。有些"虚拟货币"仅适用于特定的虚拟社区，但也有部分虚拟货币得到了全球大多数国家的认可，例如比特币。

比特币（bitcoin）是2009年出现的第一种去中心化的加密数字货币。

货币与经济学

> "**比特币**的相对成功证明了**信赖**是**货币**的首要**基础**。"
>
> 亚伦·格伦伯格，荷兰报专栏作家

密码学

数字货币无须黄金储备或者政府担保的支持，需要的是用户的信赖。货币存在于用户创建的网络系统中，使用密码学（也就是复杂的代码）来保证信息安全。众所周知的比特币是第一类加密数字货币，而此后出现了一系列称为替代数字货币（altcoin）的类似货币。

弱点

与传统货币一样，电子货币同样存在弱点。虽然银行不断地增强计算机安全，但罪犯的技术也在与时俱进。新的数字货币，即使是最复杂的加密数字货币，也无法避开网络犯罪。我们必须不断地改进系统和技术，以确保交易的安全和便捷。

货币介绍

古典学派

亚当·斯密
（1723—1790）
《国富论》
1778年出版

马克思学派

卡尔·马克思
（1818—1883）
《共产党宣言》
1848年出版；
《资本论》
1867年、1885年、
1894年出版

新古典学派

阿尔弗雷德·马歇尔
（1842—1924）
《经济学原理》
1890年出版

奥地利学派

弗里德里希·哈耶克
（1899—1992）
《通往奴役之路》
1944年出版

理解经济学

自文明诞生以来，如何管理资源和分配商品与服务一直是困扰人们的难题。在漫长的历史中，关于经济运作及最佳管理方式的解读不胜枚举。

> 95%的经济学理论是……复杂化的……共识。
>
> 张夏准

启蒙思想

据我们所知，经济学是直到18世纪末才出现的一门学科。欧洲启蒙时期，思想家和科学家对传统理念提出了挑战。苏格兰人亚当·斯密（参见第32页）提出了一种新的经济学理论。他与其他思想家一起，关注了商品生产和交易的方式。此前，人们认为贸易主要是其他人努力收集物品的过程，而亚当·斯密认为交易双方都会受益。这些理念为现代经济学奠定了基础，并总称为古典学派。

赋权于人民

与此同时，英国也出现了新的思潮。这并不意外，因为当时英国正在经历工业革命，完成由以农业为主的国家向首批工业国家的转变。工业革命，正如后世所知，增加了工厂主的财富，但同时造成了新产业工人的贫困。卡尔·马克思（参见第48页）认为这不公平，这是市场经济公平分配财富的失败。他建议重新分配集中在工厂主与资本家手中的工厂和其他生产资料，并交由工人控制，以便工人可以直接通过工作获益。马克思的构想在一系列社会主义国家成为现实，但同样遭到了很多经济学家的反对，这些经济学家仍坚信市场分配资源的能力。

另请参见：第12～13页，第14～15页

货币与经济学

凯恩斯学派

约翰·梅纳德·凯恩斯
（1883—1946）
《就业、利息和货币通论》
1936年出版

芝加哥学派

米尔顿·弗里德曼
（1912—2006）
《资本主义与自由》
1982年出版

行为科学学派

赫伯特·西蒙
（1916—2001）
《管理行为》（第4版）
1997年出版

经济学一直存在众多思想学派

不同的观点

在过去的250年中，围绕经济学产生了众多不同的解读。有影响力的经济学家们不断提出新的观点，进而催生了不同的思想学派。

另请参见：第30～31页，第66～67页

19世纪末，阿尔弗雷德·马歇尔（1842—1924）和莱昂·瓦尔拉斯（1843—1910），以及其他人共同创立了新古典经济学，目的是应用科学和数学方法描述和解释古典经济学理论。

"经济学"（Economics）一词源于希腊语，意思是"家庭管理"。

自由市场

所谓的奥地利学派的经济学家对马克思理念的反应更为激烈。弗里德里希·哈耶克指出，共产主义政府无法带来经济的繁荣，因为政府干预过多，无法保证个人和企业的自由发展。他们建议完全脱离监管和干预的市场自由——自由经济。这种观点得到了米尔顿·弗里德曼等芝加哥学派经济学家的认可。

防止市场崩溃

20世纪30年代，经济大萧条（参见第74和75页）验证了市场也有可能崩溃的理论。作为20世纪最著名的经济学家之一，约翰·梅纳德·凯恩斯（参见第111页）提出了自己的理论，即一定量的政府干预和控制能够帮助防止市场崩溃。

汲取经验教训

每个经济学派都是特定时期的产物，但很多原理放到现在仍然适用。经济学家可以回顾这些理论，发现其最适合的现实条件，从而调整并改进这些理论。

经济学是不是一门科学？

很多经济学家认为自己的学科属于科学范畴。但经济学并不属于物理学等"硬科学"类。货币并非自然现象，而是人类的发明。这些发明代表了我们的行为，还会受到政治理念的影响。经济学并非精密科学，因为我们很难证明一种理论的正确与否。

货币与经济学的
实践应用

克隆银行卡

硬币和纸币的缺陷之一在于其较低的伪造成本。纵观历史，伪造者曾使用廉价的金属制造"金币"，也曾印刷纸币。但是，伪造纸币和硬币的成本相对较高，而收益较低——克隆银行卡则完全不同。

新经济理论

经济学理论众多，并且很多理论相互矛盾，原因在于经济本身的不断发展，包括技术和商业模式，而经济学家也需要持续地更新理论，以适应变化的世界局势。

预测未来

经济学家描述和解释经济的运行，但经济学并非"硬科学"，这也就意味着经济学理论并不能简单地证明其正确或错误。部分经济学家会提出如何管理经济的建议，以及我们采取特定应对方法之后的结果。然而，经济是不可预测的，经济学家的错误预测可能产生灾难性的后果。

现金

尽管电子支付已经大规模普及，但仍有很多人偏爱现金。有些人信赖现金仅仅在于现金看得见而且摸得着。使用现金的缺点在于现金可能被盗或者丢失，因为现金无法获得同银行卡和电子货币一样的安全防护。

货币与经济学

有限的资源

发达国家能够保证稳定的关键资源供应,而欠发达国家可能面临水等自然资源供应不足的局面。即使资源充足,欠发达国家也可能出现分配不均的问题。不可再生的资源,例如石油,终有耗尽的一天。经济学家需要提供资源管理的相关建议。

宏观和微观经济学

20世纪,经济学形成了两个分支:微观经济学和宏观经济学。部分经济学家关注个体和公司的行为,即微观经济学;其他经济学家则重点分析宏观经济,即国家或全球的整体经济。

货币和市场的运作方式都会影响我们的日常生活,例如,使用银行账户或在商店购物。技术的进步正在改变我们使用货币的方式。不过,无论是携带纸币和硬币,还是在线处理业务,有一些原则并不会改变。

货币统一

统一全球货币的构想由来已久,但确保所有国家和地区的政府达成一致的意见几乎是不可能完成的任务。美元是目前应用最广的实体货币,已成为部分国家接近与法定货币并列的货币;比特币是目前接受度最高的虚拟货币。

公然抢劫

现在,很多繁华区域的银行并不会持有大量的现金,所以明智的银行劫匪已经放弃了麻袋和猎枪等工具,转而使用计算机攻击银行账户,通过电子方式悄无声息地盗窃金钱。所以,网络安全已成为银行最关注的问题。

价值几何

经济问题

谁得到了什么

商品与服务

供应和需求

为什么有的物品价格更高

分工合作的行业

健康的竞争

谁来负责

企业如何运营

高效运营一家企业

出发去工作

开支大户

农业和制造业企业负责生产制造我们需要的商品,而市场是我们购买这些商品的地方。商品的价格——也可以说是商品的价值,则取决于资源的稀缺程度、商品的需求量及供应与需求之间的平衡。

经济问题

> 预计全球人口数量将在2050年达到96亿。

货币并非经济学的全部内容,而是其中的重要组成。经济学的核心是管理资源的方式,以及如何使用现有资源满足所有人的需求。有时,经济学也会简单地称为"经济问题"。

我们的欲求是什么

我们的欲求在不断地变化,而且似乎没有极限,但是满足这些需求的资源是有限的。经济学家使用"稀缺性(scarcity)"来描述这种需求量大于供应量的资源。如果我们需要的物品可以保证无限的供应,那么即使需求无限,我们也无须任何担心。实际上,资源是稀缺的,无论是发达国家还是欠发达国家,都面临资源供应不足的问题。经济学家确定了很多必需的资源类型,排名第一的是水等可以从自然界直接获取的自然资源。自然生长的植物和野生动物也是必需的资源,因为这些动植物可

> 地球母亲可以**满足**所有人的生存**需求**,但无法满足人类的**贪欲**。
>
> 圣雄甘地

灾难!

全球的资源分布并不平均,部分地区的资源相比其他地区更为稀缺。以食物和水为例,有的地方供应充足,而有的地方甚至无法满足人们的基本生存需要。除非蕴藏其他资源,例如石油,否则资源稀缺地区的经济将十分脆弱,很容易因为干旱、粮食减产或疾病等灾难而崩溃。

应用有限的资源满足无限的需求……

解决经济问题意味着寻求问题的答案,包括生产什么、如何实现最佳生产及为谁生产等。

以为我们提供食物。土地也是一种资源(称为"土地资源"),可以提供多种用途,例如种植农作物或开采煤炭等资源。海洋也可以归类为土地资源,因为海洋可以给我们提供生产商品需要的原料。然而,全球的土地数量是固定的,无法提供取之不尽用之不竭的资源。我们可以不断地种植粮食作物,利用太阳能和风能等可再生能源,但有些资源终将迎来耗尽的一天。

制造物品

有些资源并非自然所有,而是原料加工的产品。这些人造资源又称为生产资料,包括用于商品生产和分配的机械、工厂等建筑物及铁路等交通工具。要制造这些生产资料,我们需要另一类资源:劳动力,即人力资源。人力资源就是工作的人,他们是生产商品和提供服务的主体。除了体力劳动,人力资源还包括技能、知识和信息。

管理资源

每个国家或地区都可以获得部分或全部上述必需的资源,同时需要应对不断膨胀的人口规模及快速变化的需求等问题。那么如何利用有限的资源满足需求呢?要解决这个问题,我们需要做出选择和决定,并解答以下三个基本问题:首先,生产哪些商品、提供哪些服务?很多资源都可以用于生产不同的物品。例如,土地可以用于种植基础粮食作物或者经济作物(如用于酿酒的葡萄),大型建筑物可以作为医院或豪华酒店。其次,如何实现最佳的商品和服务?有的国家自然资源匮乏,但庞大的人口基数可以提供丰富的人力资源。如果集中人力资源用于生产商品和提供服务,他们可以实现最高的效率,先挣钱,然后进口需要的资源。第三,为谁生产商品和提供服务?我们必须有所选择,因为利用有限的资源生产出满足所有人需求的全部物品是不可能的,所以每个国家或地区都必须建立一套机制,以确定资源的使用者和商品与服务的分配方式。

另请参见:第32~33页、第38~39页

谁得到了什么

目前，我们以满足人们的需求为目标安排生产。但是，我们如何决定资源的分配？如何确保将商品和服务分配给需要的人？

> 可能有一天，所有需求都能够得到满足，工人也可以**获得成功**。
>
> 约翰·梅纳德·凯恩斯

谁来决定？

我们无法保证无限的资源供应，包括土地和劳动力。现在的问题是这些资源可以用来生产不同的商品，所以我们必须决定如何最佳地利用这些资源来满足我们的需求。除了资源配给，我们还要解答为谁生产商品及如何分配商品与服务的问题。寻找一个能够匹配资源和需求的解决方案十分重要，这是保证社会福利的关键。由于政府有责任确保其公民的福利，那么是否应当由政府决定资源的分配方式呢？

2007年，英格兰银行发行的20英镑纸币上印上了亚当·斯密的头像。

俗话说的："有需求就有市场，需求是生产的指挥棒。"由无数个体交易组成的市场可以调节商品与客户的需求。亚当·斯密称，市场就像无形的手，引导着我们高效地分配商品和服务。每个个体，无论是客户还是供应商，都在根据自身的利益做出最合理的买或卖的决定，这些决定集体促成了对社会整体有利的行为。在理想的市场中，供应和需求将最终相互平衡，在可能的范围内确保最佳的商品分配。此外，在理想的市场中，买家和卖家都可以通过交易获利。客户获得需要的商品和服务，供应商通过出售商品获得利润。

亚当·斯密的解决办法

18世纪的苏格兰经济学家亚当·斯密认为，决定应当以社会的整体利益为目标，最好由个人根据自己的利益作出决定。尽管这种理念不合逻辑，但亚当·斯密解释称，这也是一种商品和服务的买卖方式，并且可以决定资源配给。在市场买卖任何物品时，个体贸易商和客户都不会考虑社会的整体利益，他们只会思考自身的利益。客户仅根据自身的需求购买，来满足自己的需求。供应商出售商品也并非为了公共福利，而是为了获取利益，而且他们只能将商品和服务销售给需要的客户。所以，就像

亚当·斯密（1723—1790）

亚当·斯密出生于苏格兰，是公认的现代经济学之父。他是格拉斯哥大学的哲学教授，是一个包括哲学家大卫·休谟（David Hume）在内的小组的成员。18世纪60年代，亚当·斯密游历到法国，开始创作《国民财富的性质和原因的研究》（*An Inquiry into the Nature and Causes of the Wealth of Nations*），即于1776年完成的《国富论》。

企业只生产市场需要的产品。

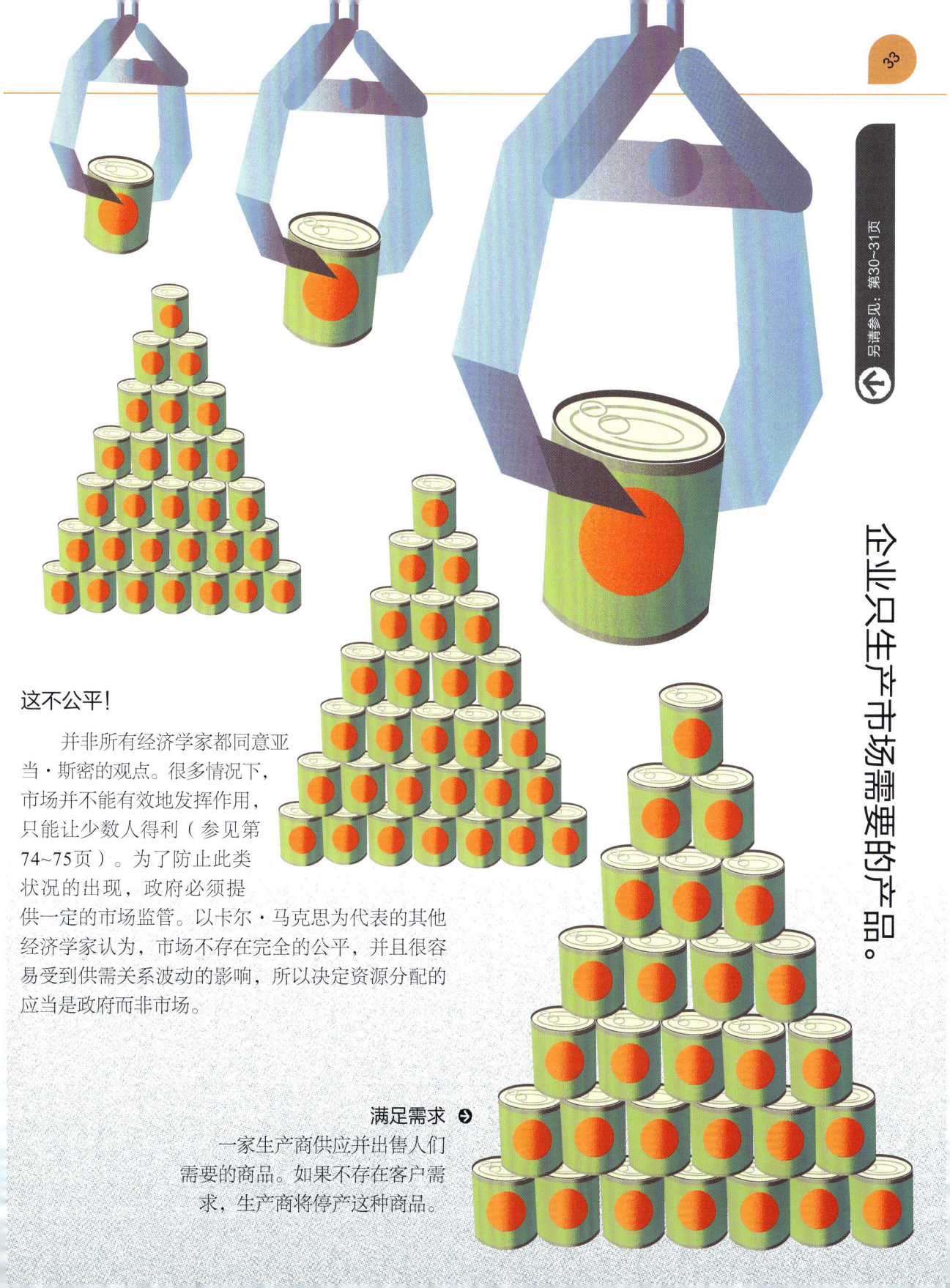

另见第31页：参见第30~31页

这不公平！

并非所有经济学家都同意亚当·斯密的观点。很多情况下，市场并不能有效地发挥作用，只能让少数人得利（参见第74~75页）。为了防止此类状况的出现，政府必须提供一定的市场监管。以卡尔·马克思为代表的其他经济学家认为，市场不存在完全的公平，并且很容易受到供需关系波动的影响，所以决定资源分配的应当是政府而非市场。

满足需求 ➡

一家生产商供应并出售人们需要的商品。如果不存在客户需求，生产商将停产这种商品。

道德贸易

很多人认为贸易应当遵循道德规范,并且自由。道德贸易意味着企业不能单纯地追求商品利润的最大化,必须同时考虑业务产生的影响,例如雇员的工作环境或者对环境的影响。

表达观点

发达国家的消费者可以通过联合抵制保证企业遵从道德规范。2013年,孟加拉国Rana Plaza服装大厦坍塌,造成超过1100人死亡。两家位于该工厂供应链下游的服饰公司——普利马克和贝纳通遭遇了抵制。惨剧发生后,服装零售商集体要求公司增强工厂的安全性并明确告知商品的来源。

> 超过1/5的咖啡现在已遵从公平贸易原则,接近2/3的英国消费者选择公平贸易香蕉。

购买道德

道德消费主义是指买家通过选择性购买而为企业施加压力的行为。企业则以开发"可持续供应"或"自由放养"的产品作为回应。选择银行时,人们可能会回避那些参与武器贸易或投资污染行业的银行。遵从道德规范的银行在投资和放贷时关注环境和社会影响。

↑ 精密的平衡
道德贸易要求企业在追逐利润的同时平衡对环境及对工人的影响。

资源与企业

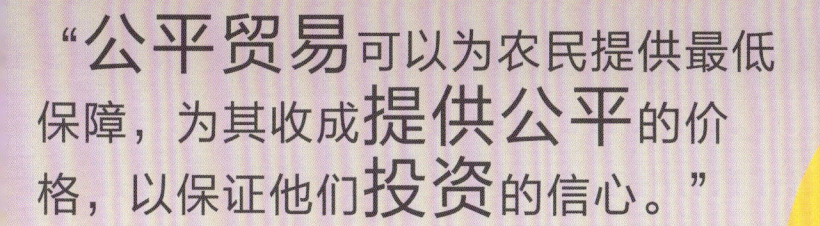

"**公平贸易**可以为农民提供最低保障,为其收成**提供公平**的价格,以保证他们**投资**的信心。"

内尔·纽曼,美国环保人士

公平贸易

公平贸易运动开始于20世纪90年代,目的是防止贫困国家的咖啡和橡胶种植者因为市场价格过低而流失。公平贸易组织为供应商提供公平的价格保证,供应商则保证合理的人员雇佣和薪资。消费者可以通过购买公平贸易认证的商品支持该运动。公平贸易可以在市场价格较低时发挥作用,价格升高时对供应商的约束力将减弱。

受剥削的工人

为了保持竞争力,企业会努力削减成本,甚至可能会有意或无意忽视生产商品的工人的状况。近年来,发达国家的消费者开始意识到,在商店售价超低的商品中,例如服饰和电器产品等,很多来自欠发达地区的那些忽视安全的工厂、血汗工厂和使用童工甚至奴工的工厂。这迫使企业改变了生产流程,并增加了生产的透明度。

商品与服务

经济学将购买和出售的物品称为商品，其中包括食物和计算机等制造产品等物品，也包括无法物理持有或看到的无形商品——通过提供劳动的方式获取报酬，这种劳动称为服务。

> 预计美国服务业从业人员在劳动力总数中的占比达到了80%，GDP贡献比例同样达到了80%左右。

欲望载体

商品是人们需要或想要的物品，它们或者有用，或者可以满足需求，或者蕴含值得用货币交换（购买）的价值。因为有人愿意购买这些商品，所以就会有人以供应商品维生。市场的供应方，与需求方也就是消费者相对，由众多不同类型的企业组成。这些企业生产各类商品，例如农民通过耕作土地和养殖提供玉米和家畜等农业产品，也有的企业会利用土地提供其他必要的商品，例如开采金属冶炼矿石和其他原材料的矿业公司、开采煤炭及石油与天然气以供应能源的能源公司等。

> **略高于5%的全球人口生产了约29%的全球商品。**
> 史蒂芬·柯维，《高效能人士的7个习惯》

企业提供商品和服务

生产与服务 ➔

人们受雇于不同的经济部门，以供应原材料、生产制成品或提供服务。

资源与企业

制造商品

除了食物，我们购买的大多数商品都是制造商品，也就是工厂或工匠使用材料加工而成的商品。制造业生产大量且种类丰富的生产资料（参见下文）和消费品，从衣服等必需品到家具等家用品，再到洗衣机、微波炉和汽车等电器。我们购买的几乎所有商品都经过了一定程度的加工，加工者可能是批量制造特定产品的大型工厂，也可能是加工奢侈品的小型手工工场。除了在家中添置各类制造商品以外，我们还需要居住的房屋。建筑物也是一种商品，例如房地产公司建造的商品住宅，以及工厂、写字楼、酒店、商场等商业建筑物。

服务行业

以提供原材料为主的农业和矿业等行业属于第一产业，以制造有形商品为主的制造业和建筑业等行业属于第二产业，而服务行业属于第三产业。服务行业可能无法提供买家可以持有的有形产品，取而代之的是各类服务。有的服务与实体商品密切相关，例如，运输公司收集农场或工厂的商品，然后交付给客户；各类零售商可以作为联系制造商的纽带，为大众提供零售服务。服务行业涉及我们生活的方方面面，包括直接提供服务的理发店和出租车公司、提供基本服务的医疗或教育机构，以及提供维修服务的车辆维修厂和建筑物维护公司，还有我们大多数人都可以享受的日常服务，例如公共交通与运输、电信、银行与保险服务等。此外，酒店、剧院、影院，以及相对不常见的休闲娱乐设施也都属于服务行业。

服务从业人员

现在，服务行业的从业人员越来越多，发达国家尤其如此，部分原因是机械化提升了农业和制造业的效率——减少了工人数量，同时增加了商品产量，部分原因是我们的需求因为财富和休闲时间的增加而出现了变化。

生产资料

我们日常接触的商品大多属于商店出售的消费商品，而生产资料，是针对行业制造的、用于生产消费商品和作为服务载体的物品，例如机械、建筑物和交通工具等。

供应和需求

消费者和生产商同时来到市场,以购买和销售商品。他们的交易将匹配需求(买家想要的商品数量)与供应(卖家提供的数量)。但供应与需求的关系也会影响商品价格。

> 物品的供应量越大,
> 买家支付的价格就越低。
>
> 阿尔弗雷德·马歇尔

达成交易

在传统的集市上,商品的价格通常并不固定。很多时候,交易需要经过反复的讨价还价才能达成最终一致。买家考虑他们需要或想要的商品数量,以及他们期望支付的价格。为了促成交易同时避免亏损,卖家要衡量自己可以让步的价格空间。买卖双方的博弈将确定最终价格,以及交易数量。可用商品数量(供应)和存在需求的客户数量(需求),是影响博弈的两个重要因素。然而,为了达成销售,市场必须保持竞争,其中的供应商数量和买家的数量都必须多于一名,以便为买家提供选择、比价及在谈判中占据主动的筹码。卖家相互竞争来提供最优惠的价格,也可以在供应稀缺、需求旺盛的情况下获利。

价格:买家为获得商品提供的支付;**成本**:卖家将商品上市提供的支付。

保证恰当的时机

商品价格与供需关系密切相关。例如,农民种植小麦并将其出售给面粉厂,以制作面粉。在收获的季节,小麦供应充足,甚至超过了面粉厂的需求。换句话说,供过于求,供应商开始降价以刺激销量。在冬季,面粉需求保持不变,但小麦的供应减少,市场呈现供不应求的局面,面粉厂则提高了收购价格。这个规律适用于所有商品和服务。在需求不变而供应增加时,供过于求将导致价格下滑。相反,需求不变而供应减少时,供不应求将推动价格上涨。如果供应保持不变,需求的变化也会引发价格波

商品稀缺时，买家开始相互竞争，提高价格

供应过量时，供应商调低价格来吸引买家

价格冲击

反过来说，价格也会影响供需关系。在供应过量时，价格下滑会提升商品的吸引力，刺激需求增加；高价格则会抑制买家需求，并且会刺激供应量的增加。

通过竞争，供需关系及价格的波动可以持续地发挥市场调节作用，避免供应过量和不足，从而恢复平衡。在理想的市场中，这意味着供应和需求将始终保持平衡，表现为稳定的价格。

动：需求减少引发供应过量，价格下滑；需求增加引发供应紧张，价格上涨。

创造需求

商品生产商并不会始终按照市场需求供应商品。供应商，尤其是在发布新产品时，会尝试创造需求。通过广告宣传，他们努力说服人们在并不确定是否需要的情况下购买新产品——无论是不是真的，因为"特价"总是有特别的吸引力。

为什么有的物品价格更高

市场待售商品的价格取决于供需关系。但有些物品的价值，我们认定的高价值，同样也会受到其他因素的影响。这种价值同样会影响我们的决策。

如果水与钻石的位置颠倒一下，水贵如钻石，而钻石就像现在的自来水一样……

少而贵

如果保证了无限的供应，商品的价格必将低于供应紧缺时期。获得随地可得的物品可能易如反掌，因此人们并不会看重其价值。有些物品，例如我们呼吸的空气，属于"免费商品"，意味着我们可以随时免费获得此类商品。另一方面，有些物品十分紧缺，例如黄金和钻石，因此我们必须支付高昂的费用。由于稀缺资源的供应远低于需求，因此此类商品具有"稀缺价值"。也就是说，越紧缺的物品其价格越高，越丰富的资源其价格越低。

价值悖论

举例来说，沿着河边鹅卵石路散步时，如果发现了闪亮的钻石，你肯定会捡起来带回家去，因为你认为钻石有更高的价值，高于石头和河水的价值。不过从某些角度来看，我们对价值的观点与逻辑不一致。水是支持我们生命的必要资源，但我们并没有像重视钻石一样重视水，尽管钻石并没有即时的实际用途。"价值悖论"的答案在于，钻石具有稀缺价值，而水属于供应充足的免费商品。

有什么用？

除此之外，我们还可以从两种物品获得不同的快乐或满足。拥有和使用一件商品所获得的满足感称为"效用"，这种满足感会随着消费的商品数量而变化。如果在河边散步时感到口渴，你喝到的第一口水能够提供最多的满足感，之后每一口水所提供的满足感都会降低。找到第一颗钻石时你会激动万分，但由于找到第二颗钻石需要花费时间和精力，你的兴奋感会减弱。总之，物品

吉芬商品*

苏格兰经济学家罗伯特·吉芬（1837—1910）指出，部分商品似乎不会完全遵循供需关系。他认为"吉芬商品"的需求将随价格上涨而增加。例如，在价格上涨之际，贫困家庭会购买更多的面包，因为从一定意义上说他们无法负担其他更贵的食物。

*注：表示价格下降后收入的负效应增大。

另请参见：第38-39页

资源与企业

> 所有**商品**的价值都凝结了**人类的劳动**。
>
> 卡尔·马克思

的数量增加将引发边际效用，或者使每次使用的满意度降低。经济学认为，除第一口之外，剩余饮水的边际效用都很低，而额外的钻石也能够保持高"边际效用"。

机会和时间

获取物品所花费的成本也可以作为一种价值评估方法。这些成本并不是物品的价格，而是我们愿意为获得该物品做出的付出。我们必须做出选择，例如你有一笔钱，你可以用来购买一辆新的自行车，或者用这笔钱去学习驾驶。如果你去学习驾驶，那么你必须放弃骑着新自行车去兜风的机会，转而获得一项伴随终身的技能。你放弃的"机会成本"决定了你选择的物品的价值。

有些经济学家提供了另一种商品价值的解读方法。他们认为，商品的真正价值取决于包含的劳动时间。所以，汽车和计算机等制造商品的价值取决于参与制造的人数及劳动时间，该方法称为劳动价值理论，最早由亚当·斯密和其他古典学派经济学家提出，也是马克思经济学的重要内容。

根据劳动价值理论，两种包含相同劳动量和生产时间的不同商品应具有相同的价值。如果购买一种商品的成本超过了买家认可的制造时间的价值，则买家可以自行生产。

……我们会认为水的价值高于钻石。

⬅ **价值悖论**
有些物品几乎没有任何实用价值，例如钻石，但其价格远高于水等基本生存要素。

世界上最大的切割钻石是金禧钻石，重达545.67克拉（109.13克），价值400~1200万美元。

分工合作的行业

另请参见：第14~15页、第36~37页

提到"行业"，人们最初的印象是林立的机械和厂房。此类引发社会和经济变革的重型制造业最早出现于18世纪。如今，技术的发展正再度改变着我们生产商品和提供服务的方式。

为薪水而工作

在人们发明工业机械之前，大多数人都只能在皇家或贵族的土地上劳作，佃农种植庄稼、养殖牲畜来制作食物、衣服与燃料。农业及少数金属矿物开采场是构成经济的基础。直到现在，这还是很多贫困国家的经济模式。机械化改变了这一切：工厂开始批量生产面粉和布匹等商品，能够规模化制造商品的工厂开始如雨后春笋般涌现。工厂创造了大量的工作机会，工作挣钱的理想也吸引了很多人放下农具、离开家园，并定居在工厂周围——工业城市开始出现并逐渐形成规模。

> 所有这些**机械**发明是否让**人们**感觉到了**一丝丝轻松**？**这非常值得怀疑。**
>
> 约翰·斯图尔特·密尔

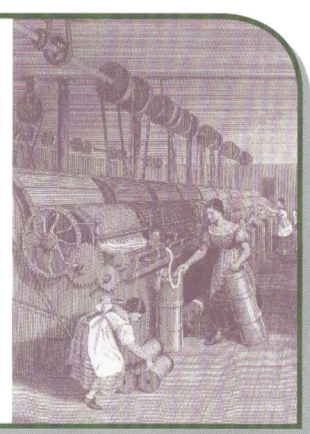

发展与繁荣

经济系统也在发生变化。农民不再为地主生产食物（自己也可以保留少量食物），工人会因为工作得到工厂主支付的薪水。工厂主属于新兴的企业家阶层，他们拥有生产设施——建筑物和机械。这些设施属于生产资料，因此工厂主也称为资本家，新的经济系统称为资本主义。新的制造业以及随之而来的资本主义制度，从英国蔓延至欧洲和美洲。机械化生产显著降低了商品制造成本，增加了产量，从而

工业革命

在18世纪的英国，科技进入高速发展期，蒸汽机等机械的发明彻底改变了商品的生产方式。机械化工厂的出现和铁路运输的应用催生了新行业的诞生，以及社会经济结构的变革。

资源与企业

工业化刺激了资本主义的发展，并带来了经济的繁荣。

◎ 工业促进繁荣

在当代世界，从农业到电子商务，形形色色的行业提供了极为丰富的商品和服务，还推动了经济的发展和繁荣。

使经济主要依赖服务行业，住宅、食品和制造商品依然不可或缺。即使是技术领先的国家或地区也依然保留了农业、制造业和建筑业等传统行业，以满足国内甚至同时满足向国外出口的需求。

另请参见：第48~49页、第56~57页

带动了资本家阶层快速壮大。工业革命自开始以来，使得生产效率得到不断的改进，为社会创造了大量的财富。不仅制造业可以从中获益，农业、矿业和建筑业的机械化水平也同样得以迅速提升。与此同时，工业化的发展催生了服务业，例如，确保工厂顺利运行的建筑与维修服务，以及银行与保险等金融服务。随着社会财富的积累，富裕阶层开始关注奢侈品消费和追求享受。

> 目前农业仍占据全球接近40%的劳动人口。

下一步

20世纪末，电子技术引发了新的变化。计算机和信息技术引发了银行业等众多服务行业的变革，互联网的发展则催生了新的行业，例如社交媒体和电子商务。在部分发达国家，服务行业正在取代传统制造业和农业。很多人相信我们正在步入"后工业"时代，商品可能依赖进口而非生产。然而，即

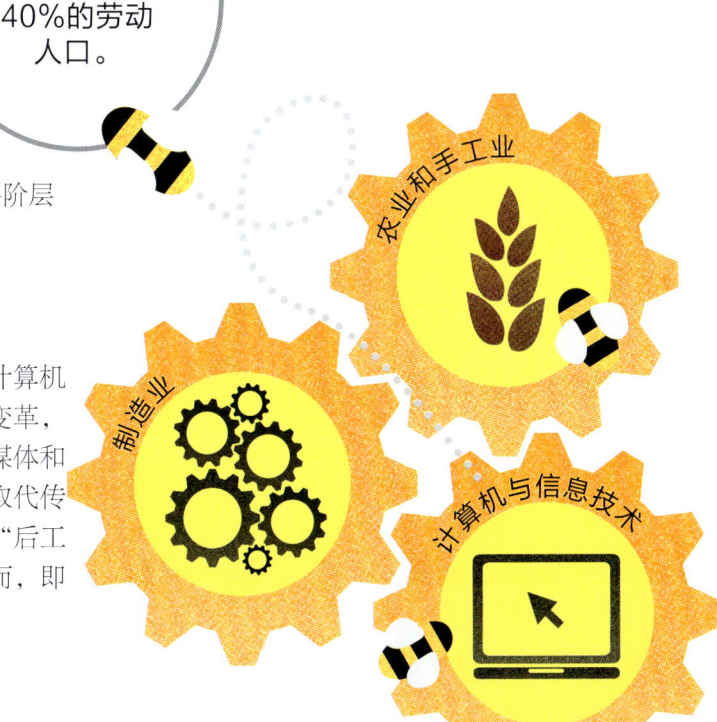

农业和手工业

制造业

计算机与信息技术

上市公司

很多大型企业都属于上市公司，通过发行股票并共同拥有公司的方式筹集资金来发展业务。购买股票的大众称为股东。上市公司由股东持有，并通过股东选出的董事会来负责公司运营。

有限责任制

如果一家上市公司经营失败，陷入了债务危机，股东只需为其初始投资承担责任，公司自行承担债务责任。这种制度称为"有限责任制"。有限责任制受到了大多数国家和地区的欢迎，因为这样可以帮助股东避免因企业财务困难而要承担全部债务责任的风险，从而鼓励投资。

股东

作为投资回报，所有股东都可以获得年度分红。分红金额将取决于公司的利润状况。股东同样拥有对公司运营方式的话语权。董事负责公司日常运营，而股东能够发挥其影响力，保持稳定的发展方向。鉴于私营公司可以避免股东的控制，能够更加适应当今风云变幻的市场，公有（国有）企业的数量正在减少。

> "因为花的是投资人的钱，所以你不能指望此类公司的一名股东像管理自己的钱一样用心。"
>
> 亚当·斯密

资源与企业　45

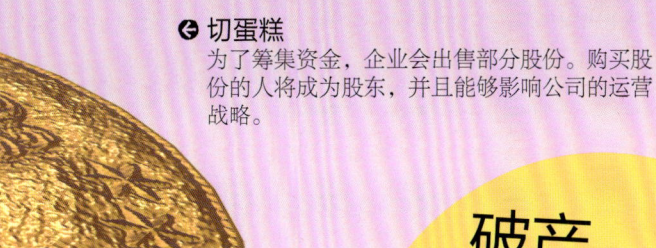

⬅ 切蛋糕
为了筹集资金,企业会出售部分股份。购买股份的人将成为股东,并且能够影响公司的运营战略。

破产
如果一家公司无法支付债务,法院将宣判该家公司破产。判定破产并非处罚,而是一种法律状态。进入破产程序后,公司将接受法院的资产审核,以理清财务状况,确定可以用于偿债的资产。破产公司受到过于严厉的处罚可能会抑制未来的投资,而处罚过轻有可能让债权人心存疑虑。

1997—2012年间美国股票市场的上市公司数量几乎减半,接近腰斩。

融资
企业上市的目的是显著扩展融资范围,以帮助其发展。股东可以购买公司的股票（资产股份或普通股/股本）,也可以购买债券（直接向公司借贷）,还可以在股票和债券市场上独立买卖股票和债券。从这个角度来看,公司本身也是一种可以交易的商品。

价值几何?

健康的竞争

贸易商之间的竞争是自由市场的核心。充满竞争的市场可以让消费者获益,因为竞争能够促使卖家保持低价政策以增加销售量。同样,竞争可以刺激生产商提升效率、降低成本、改善生产率、积极探索新的生产方式并提供创新的和更优质的商品。

有很多卖家,但买家只有一个的情况称为买方垄断。

垄断

如果一种产品只有一个卖家,这种局面称为垄断。垄断意味着没有竞争,也意味着消费者必须支付更高的价格。缺乏竞争同样意味着垄断者缺乏改进的动力。

自由市场

市场竞争不仅对消费者有利,而且从长期来看,生产商同样能够获益,例如更多的销量和更强盛的行业。高效的行业对社会整体有利,能够促进社会繁荣,并提升国家或地区在全球市场的竞争力。自由市场的理念十分简单:允许买家和卖家自由对接,以便达成互惠互利的交易。

适应市场 ➡

在自由市场经济中,相同业务的公司展开相互竞争,这会激励公司努力改善效率,为客户提供最好的交易。

资源与企业

理论是完美的，但现实总是充满缺陷，因为总有各种各样的因素会限制市场发挥作用。大多数国家和地区都发布了贸易监管法规，以保护消费者，打击不道德的贸易商和生产商，以保护消费者。

什么样的自由才算自由？

在自由市场中，政府干预是否必要？如果必要，那么需要什么程度的干预？对此，经济学家的观点不尽相同。有的经济学家认为，自由市场需要真正的自由，需要没有任何干预的自由经济，即laissez-faire（法语词，意思是"完全放手，不干涉"）。另一方面，有的经济学家推崇完全的政府控制，也就是计划经济。卡尔·马克思（参见第48页）指出，市场经济的不公平特性会牺牲工人阶级的利益，为资本家创造财富。因此，他提出了共产主义社会的构想——集体共有生产资料（工厂），集中规划商品的生产与分配，而不是交由市场决定。

> **在经济生活中，竞争从未缺席，但从不完美。**
>
> 约瑟夫·熊彼特

中间立场

20世纪，数个社会主义国家实施了卡尔·马克思的计划经济理念，并取得了不同程度的成功。但西方经济学家对此不以为然，例如奥匈帝国的路德维希·冯·米塞斯。他们认为，命令式经济无法快速响应市场供需关系的变化，将导致严重的供应过剩和供应缺口。大多数经济都采用了两种极端之间的模式。著名的英国经济学家约翰·梅纳德·凯恩斯（参见第111页）肯定了市场竞争的作用，但同时指出政府干预是减轻经济波动影响的必要手段，在经济萧条期尤其如此。

另请参见：第48-49页、第52-53页、第64-65页 →

> **以最佳的价格提供最佳的产品。**

谁来负责

随着制造业的发展，拥有土地并通过农业经济获得财富的地主阶层淡出了经济的中心。家庭、个人或合伙开办和运行的工厂开始兴起。现在，大多数大型企业都采用了股东合资控股和经理人负责运营的机制。

合伙制

合伙共同经营的理念甚至比工业革命还要早——多家企业为了展开全球交易组建了联合公司。制造业开始大规模商品制造之后，合伙经营成为人们筹集资金和分享利润的必要手段。当然，一些小企业，例如手工作坊和雇佣少量人手的商店并没有绝迹。有的小企业也会联合起来组建中小型私营公司，每个人都是股东。大型工厂雇佣了大量人手来批量制造商品，因此需要筹集大量的资金来支撑运营，他们通常选择公开发行股票的方式。购买上市公司的股票后，投资者可以为公司提供购买厂房和机械，以及支付工人工资的资金，并获得利润分成回报，这种回报称为分红。股东也可以对公司的运营方式发表意见，例如，在董事任命会议上投票表示支持或反对。

卡尔·马克思

卡尔·马克思出生于普鲁士莱茵省（今德国境内），在成为一名记者前曾学习法律和哲学，后来去到巴黎。在巴黎，他遇到了弗雷德里希·恩格斯，他们共同编写了于1848年发表的《共产党宣言》。之后马克思迁居伦敦，并在伦敦编写出版了《资本论》，在书中分析了资本主义并阐述了他的经济学理论。

企业股份
大型公司可以由众多不同的投资者持有，这些投资者购买公司的股份，然后对公司的运营发表意见。

分享的优势

然而股东对公司日常运营几乎没有任何实际控制力。通常，公司的运营模式是：股东任命董事，董事会制定决策以确定日常运营。选择董事的标准有很多，其中重要的一项是能够为股东获得利润。股东对公司的拥有将直接体现为持有的股份比例。因此，如果股东持有的股份比例在50%以上，那么他/她将实际控制该公司。

不过，现实中个人很难持有一家大企业的大部分股份。大型企业通常拥有多种类型的股东，而不仅仅是个体投资人，例如投资公司、银行、养老基金等，以及公司管理层和员工都可以购买股份，其他公司甚至政府也有可能成为其股东。

> 美国国防部可能是全球雇员最多的雇主，员工数量超过了320万。

> 资本主义是人剥削人的社会，而共产主义社会则恰恰相反。
>
> 约翰·肯尼斯·加尔布雷斯

混合模式

在自由市场的资本主义经济体中，大多数公司都属于私人投资者——个人或公司，甚至政府可能也会持有部分股份。但是，政府经常会掌控部分产业，持有特定行业企业的大部分股份，或者直接拥有公司。这些国家控制的产业或国有企业通常负责提供邮政、健康医疗和公共交通运输等重要的民生设施，以及治安和国防等基础安全服务。出于政治和经济原因的考虑，大多数国家和地区目前都采用了私营与国有相结合的经济体制，并展现了资本主义（资本私有制）和社会主义或共产主义（生产资料国有制）的关键区别。

一家公司可以有很多股东。

私营公司 | 董事会 | 员工联营 | 股东 | 资本家所有者

价值几何?

从供应商到消费者

原材料供应商

商品制造商

企业如何运营

从消费者的角度来说，企业存在的原因是消费者需要他们提供的商品和服务。但对于企业主和管理者来说，这并不是全部目的。他们制造商品和提供服务的目的是获得利润。要达到这一目的，他们必须谨慎地经营，以保证盈利。

> 盈利或者亏损……挣钱只有两种方法：增加销量和降低成本。
>
> 弗雷德·德卢卡，美国商人

平衡收支

所有类型的企业，从个体商贩或小型公司到跨国巨头，都以出售产品或服务来为业主或股东创造利润为目标。无论生产商品还是提供服务，这些公司和企业都以营利为目标。换句话说，企业的运营目标是确保企业获得的货币多于支付的货币。这就是管理层——小公司业主或大型企业董事的任务，即平衡生产成本与收入，也就是销售产品并获取货币。当收入大于开支时，企业能够营利；如果开支超过了收入，企业将出现亏损。

货币流出与流入

无论是谁，运营企业时都必须考虑生产成本，即生产商品或提供服务需要支出的货币。如果运营的是一家制造业企业，这些支出包括生产商品所需的原材料成本，例如印制书籍需要的纸张和油墨，以及建筑物与机械设备成本和工人工资。此外，企业运营还包括其他成本，例如，向客户交付商品和服务（照明与取暖、设备维修与维护、保险等）的成本。如果能够营利，企业还需要向政府缴纳税款。等式的另一边是企业销售产品获得的收入。一家成功运营的企业，其收入将用于支付生产成本。开设一家新的企业同样免不了支出，例如，购买机械设备和提前支付经营场所租金，然后才能生产商

资源与企业

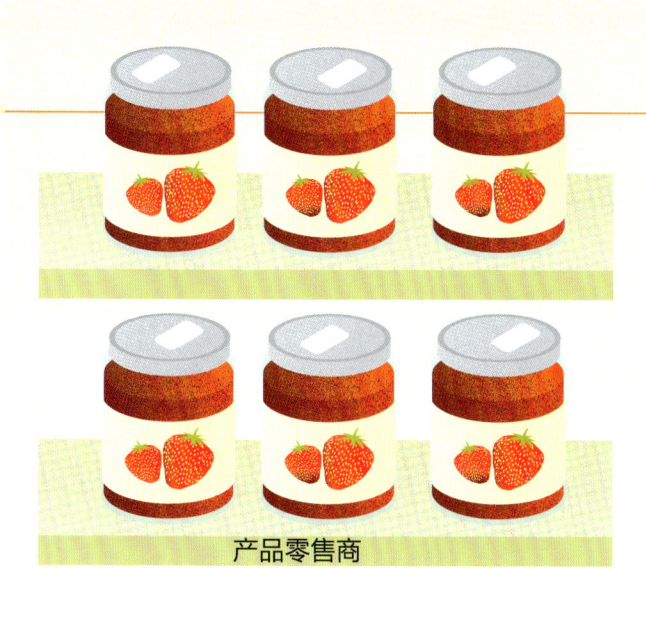

产品零售商

消费者

从原材料供应商到出售制成品给消费者，每个在流通阶段的企业都以营利为目标。

品并开始销售。即使是一家成熟的企业，也需要时不时地增加开支，以便增产提效、降低成本，增强未来的营利能力。除了销售收入，企业也可以通过其他方式获得资金，例如，从银行贷款或出售公司股份。作为投资的回报，企业需要支付贷款利息，或与股东分享利润。

> 销售产品所得利润与销售收入的比例称为"利润率"。

过于重视利润，而不是将利润变成投资，以便进一步改善生产力或工作条件。因此，自身的得失可能成为影响此类经理人做出公司运营决策的因素，而不是公司的长远利益。

另请参见：第52-53页、第56-57页

盈利

为确保最佳的销售收入，企业必须明确销售对象，即最有可能购买其产品的人群。很多企业，特别是服务行业的企业，需要直接面对消费者展开销售。而且，要将制成品交付给客户也必须有众多不同类型的企业参与其中。例如，原材料经过制造商的加工后作为产品运输到商店，最终被需要的客户买走——每次销售都以获得利润为目标。很多小公司都由其所有者直接负责管理和运营，而大型公司则会精选专业人员进入公司董事会负责管理。董事必须确保企业的利润，决定要生产的产品及销售方式。迫于股东想要快速盈利的压力，管理层可能会

大棒与胡萝卜

管理层必须确保雇员为企业的利益服务。管理专家道格拉斯·麦格雷戈（Douglas McGregor）总结出了两种基本的管理类型——X理论和Y理论：以惩戒落后者为主的威胁方式，或者以奖励先进者为主的鼓励方式。

价值几何?

高效运营一家企业

另请参见：第50-51页

要在自由市场取得成功，企业需要保证其产品具有价格竞争力。企业的生产力，即企业生产商品或提供服务的效率，是成功的关键。出色的管理层能够保证将生产成本保持在最低水平。

单一工种

管理层不懈地寻找提升生产率的方法，因为生产率代表了成本与产出之间的比值。亚当·斯密在制造业兴起之初提出了一种提升生产效率的方法，

> 劳动者生产力的飞跃……似乎是劳动分工带来的结果。
>
> 亚当·斯密

即"劳动分工"。大多数制造商品的生产过程都需要多道工序和众多不同的技能。在亚当·斯密的大头针制造示例中，铁丝经过拉直、打磨尖头、添加钉帽和打磨去除毛刺等工序。如果独立完成整个制作过程，一名工人一天只能制作20根大头针。不过，将整个过程分解为多道工序，并由每位工人负责一道工序，生产效率将大幅提升。因为专注于单道工序且无须更换工具可以显著加快速度，所以才会远高于此前10名工人每天200根大头针的产出。

如果每位工人专注于一项特定任务……

资源与企业

扩大规模

规模经济也是提升生产率的一种方法。一家工厂生产的商品越多,则单位成本越低,因为固定成本属于必需支出的必要成本,例如建筑物和设备等,无论是否生产或生产任何商品。因此,制造大量的商品可以摊薄固定成本,而且批量购买原材料也可以降低采购成本。

劳动力也是一项生产成本。现在,机器已经可以在很多时候取代人力劳动,而且只需一名操作员即可完成此前的多人任务。这也是很多企业愿意将利润重新投入研发以改进设备效率的原因。欠发达国家或地区的劳动力成本相对较低,这也促进了企业的跨国经营。

坚定的抉择

服务行业提升生产率的难度较大,因为这是一个严重依赖人力资源的行业。不过,信息技术已经带来了一些改变。例如,信息技术支持企业借助互联网、电子邮件或其他手段提供服务,来帮助他们避开大城市高昂的成本。

还有一类企业则坚持传统工艺和手工制作,以凭借卓越的商品质量赢得生存,因为追求品质的客户通常愿意支付较高的价格,进而帮助企业平衡生产成本。

> 意大利威尼斯的造船厂在14世纪发明了流水线装配方法。

流水线

在工厂,工人被分配到生产流程的不同阶段,而产品从流水线的一个工作站顺序传递到下一个,无须工人拿着工具四处走动,从而提升了效率。1913年,使用传送带的流水线出现,并开始用于福特T型汽车的大规模生产。

➔ 多人参与
让每位工人专注于生产的某个阶段,而不是频繁地变更工作内容,可以大幅提高生产效率。

制造流程的效率显著提高。

焦点 54

合作运动

合作意味着多人参与，例如农场或消费者共同创建企业并平分股份。这样的话，合作的成员可以确保其需求得到满足，包括无法独立实现的目标。通过合作，人们可以在资本主义经济中获得社会效益。

银行与信用社

信用社实际上是私人开设的小型银行，具有完整的银行功能，可以帮助成员集中储蓄并以公平的利率借贷。大多数信用社仅针对特定人群开发，例如某类职业或共同的信仰。合作制银行的规模更大，其与商业银行的差异仅仅在于合作制的银行由客户共同拥有，通常实行了道德投资政策。

工人合作社

工人合作社是工人共同拥有的企业，并非单人专有，而且自负盈亏。企业可以通过所有成员集体决策或由选定的管理层负责运营。有观点认为工人合作社是纯粹盈利企业之外的自然选择。并非资本雇佣工人，而是工人雇佣资本，因此工人可以获得更高的控制权。

在荷兰的全部民宅中，近1/3归住宅合作社所有。

资源与企业

住宅合作社

住宅合作社拥有并代表住客运营住宅物业。通过集中资源，合作社成员可以购买无法独立负担的住房和服务，从而改善居住条件。当住客离开后，合作社的管理层可以代表成员选择新的住客。对很多人来说，住宅合作社是获得恰当住房的唯一途径。

消费者合作社

消费者合作社是消费者之间的一种合作方式。通过联合，合作社成员能够通过批量采购避开追逐利润的零售商，从而保证成员能够以最实惠的价格获得商品，避开零售商为追逐利润而设置的高价。英国合作制集团（Cooperative Group）是全球最大的消费者合作社，业务涵盖商店、保险、旅游、殡葬和银行服务等。

↑ **携手合作**
当个体聚集在一起并发起合作运动时，他们可以凭借集体的力量，为自己争取更多的利益。

"**合作社**是一种提示，这种**提示**可以让国际社会明白，**经济效益**与**社会责任**可以兼得，而非不可调和的矛盾。"

在荷兰的全部民宅中，近1/3归住宅合作社所有。

出发去工作

每个行业都离不开劳动力。制造业、建筑业、种植业，特别是服务业，所有的行业都需要工人来生产商品和提供服务。与所有其他资源一样，劳动力也可以买卖：工人提供时间和技能，雇主提供工资作为回报。

为工作定价

所有的企业，除了单人及合伙的小型企业，都需要雇佣工人。并且，大多数人都需要某种形式的雇佣，以获得生存需要的货币。这也是一种供需关系——雇主提供工作机会，创造人力资源需求，工人或劳动力需要工作，提供相应的劳动。企业与工人之间通过"劳动力市场"联系在一起。与其他市场一样，供需关系决定价格，即劳动力市场的劳动力价格或者支付的工资。雇主通常希望最大限度地削减成本，因此他们会尽力降低工资。而工人则努力索要高工资。如果找工作的人数众多，就像供应充足的所有其他商品一样，劳动力价格将下滑，雇主将有机会降低劳动力成本，在人口基数较大的国家和地区，以及对欠缺技能的人来说尤其如此。另一方面，具有特定技能的工人数量通常较少，因此他们通常可以获得更为优渥的薪酬。

有效的平衡

劳动力市场是分配人力资源、为工人提供工作及满足雇主生产和服务需求的一种方式。在理想状况下，完美的劳动力市场能够确保供需双方的利益。然而，现实中很难确保理想的工作与劳动力匹配。有的国家拥有大量的劳动人口，但这些人口缺乏必要的技能，因此供过于

> 另请参见：第50~51页，第126~127页

工人的权利

有时候，雇主会强迫员工接受低工资和超时劳动。为了保护自己，避免被过度压榨，工人组建了工会。工会可以让工人成为一个整体，以便与雇主展开集体谈判，提出改善工作条件等要求，并将停止劳动——罢工这一终极威胁作为谈判中讨价还价的条件。

技工

£25,000

求。与此同时，很多需要必要技能的职位虚席以待。这种情况下，雇主可能必须增加培训投入。在有的发达国家，局面可能恰恰相反：工人普遍具有出色的技能，但并没有足够的职位与之匹配。这些技术工人可能必须考虑技术含量较低的工作，接受较低的工资。

失业

失业是工作与工人无法匹配，即劳动力供需关系失衡的结果之一。导致失业的原因有很多。有些工作具有季节性，例如旅游业从业者可能在旅游淡季失业；或者产量过剩——企业因为商品过量而停工停产；以及需求减少——例如趋于淘汰的电视机或计算器，都有可能导致失业。很多行业机械化水平的提升也会引发劳动力需求减少。任何时候，人们都不缺乏工作的意愿和能力，但他们可能找不到工作。失业率——失业人口在适龄工作人口中的占比——是一个变量，可以作为反映某个国家或地区经济繁荣状况的指标。不过，失业率只能表示经济的总体运行状况，说明相对于现有工作职位的过剩人口数量，但无法表明短期待业或季节性行业及长期失业的人口数量，同样也无法显示劳动力技能与现有职位技能要求之间的不匹配。

> 经济学，作为一个细分的就业方向，特别适合经济学家。
>
> 约翰·肯尼斯·加尔布雷斯

> 年轻人（14~28岁）的失业率远高于中年人。

◐ **工作与工资**

在理想的劳动力市场，工人提供雇主需要的技能来获得其提供的职位。技能出众或者拥有稀缺技能的工人可以要求更高的薪酬。

在劳动力市场，技能与工作机会相对应。

£100,000

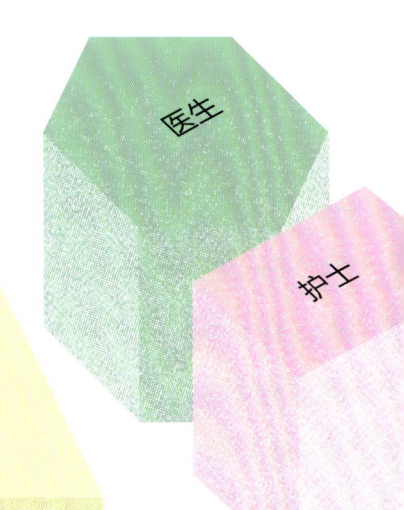

开支大户

如果客户没有购买或消费欲望,供应商将无法生存,商品和服务也将不复存在。发达国家的奢侈品购买力更高,但在"消费社会"中,刺激消费仍然是主要任务之一。

繁荣时期

制造业从18世纪末工业革命期间开始兴起,它不仅改变了商品的制造方式,还改变了我们生活的方方面面。

工业化社会发展迅猛,特别是新的资本家阶层——工厂主为社会提供了大量且丰富的商品,满足了数量激增的商店的需求。但是这些商品需要买家。财富流向企业主,在他们手中集中,工人则通过为新的行业提供劳动而获得薪酬回报。人口特别是城镇人口数量开始快速增长,带来了旺盛的生活必需品需求,而越来越壮大的富裕阶层——商人,对奢侈品的兴趣也日益浓厚。鉴于供需两旺,市场规模不断扩大,而持续坚挺的需求也刺激着工厂主不断扩大生产规模。加上工业化带来的效率改进,使得社会商品极其丰富,工业经济一派繁荣的景象。由于日常用品需求不断增加,生产商日趋集中,激烈的竞争推动价格持续降低。

疯狂购物

伴随工业化社会的繁荣,零售行业开始兴旺,直接面向大众销售商品的商店尤其如此。在工业化城市和乡镇,位于郊区的农产品市场逐步消退,取而代之的是广受工人和工厂主欢迎的街边商店。很多城市的中心区域变成了热闹的商业购物区。直到今天,我们仍然可以看到这些商业区的影子,虽然很多地方已经建起了大型商场。随着零售行业与制造业的持续发展,社会财富不断增加,个人收入随之水涨船高,进而刺激了消费,并形成了良性循环。因此,个体零售商壮大成为大型零售商场或超级市场,或者

> 面积达112.4万平方米(1210万平方英尺)的迪拜购物中心(Dubai Mall)拥有1200家零售商店,是全球最大的购物中心。

花、花、花
随着财富的积累,人们在必需品以外的开支越来越大,并且政府也在鼓励人们购买消费品。

> 消费是所有生产的终点和目的。
>
> 亚当·斯密

覆盖众多城镇的连锁店。现在，有的发达国家仍保留着城外超级商店和商业区。零售业是当代经济的重要组成部分，也集中了大量的劳动力。零售业对客户购买力的依赖程度很高，因此零售商经常为了吸引消费者而展开竞争。由于所有人都是消费者，我们始终面临着消费的诱惑，这种重视消费而非生产的状况通常称为"消费主义"。为了鼓励消费，零售商必须增加购物乐趣，让购物变得更简单，并丰富购物方式，例如在线和电话购物。

炫耀

大多数时候，我们购买物品是因为需要，或者用于改善生活。不过，经济学家托斯坦·凡勃仑（Thorstein Veblen）发现，有时候人们会购买一些物品来象征身份，炫耀自己花了多少钱。在这种故意引人注目的消费中购买的商品，例如劳斯莱斯汽车，称为"凡勃仑商品（炫耀性商品）"。

偶尔的奢侈

在富裕的国家和地区，人们在购买必需品之后通常还有余力，因此可以购买一些想要而非需要的物品。除了获得购物的乐趣，人们也开始花钱享受服务，例如洗衣服、理发或美容等此前可以自己完成的工作。因此，人们获得了休闲时间，以便追求自己的兴趣或者放松，也意味着人们将休闲活动列入了开支项目，例如度假或者购买唱片、书籍或计算机游戏。

购买并不真正需要的物品已经成为一种休闲活动。

价值几何

空闲时间

技术已经替代了很多人力劳动，为我们提供了更多的休闲时间。然而，技术也造成了大量的失业，并对更多人造成了威胁。因为工作减少了，但需要工作的人更多了。技术也并没有让人们感觉轻松，因为减少工作时间意味着薪酬缩水。

亏本商品

特价优惠是吸引客户的一个方法。例如，超级市场可能以低于成本的价格出售商品。这些"亏本商品"可以吸引客流，增加其他商品的销售机会。有的企业会提供入门产品，然后利用长期合同裹挟客户。但是，这可能并非好主意。

资源与企业的
实际应用

服务型社会

发达国家的城镇多是办公室、商场和酒店，很少见喧嚣的工业场所。在这些地方，我们似乎看到了以服务业为支撑的"后工业化社会"。但是，工业和农业必不可少，因为我们离不开制造商品和食物供应。

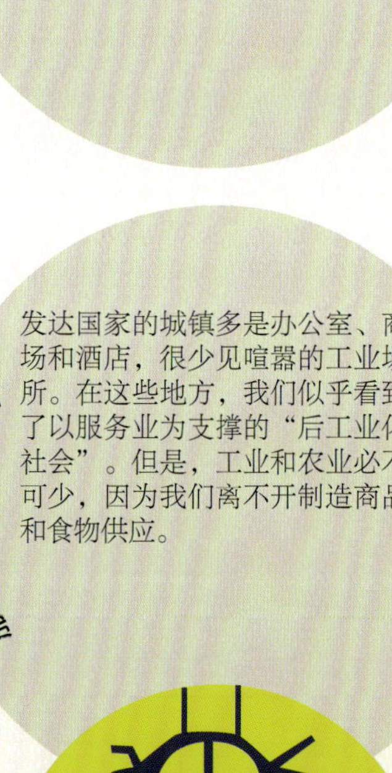

全球分布

自然资源在全球的分布极不均匀，有的地方资源丰富，有的地区则十分匮乏。例如，有的国家可以免费提供饮水，有的国家可能因为争一口水井而打得头破血流。控制石油或矿物资源能够为国家或地区提供政治影响力。

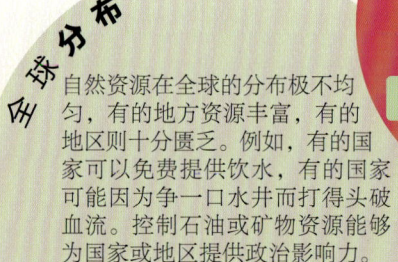

资源与企业

太多选择

竞争促使生产商提供更好的产品和更低的价格。但是在消费者选择增多的同时,市场会令人费解地出现众多同质化产品。面对几乎并无二致的产品,消费者通常很难做出好的选择。

紧随时代潮流

技术的发展速度前所未见,生产商不停地发布新产品并展开铺天盖地的宣传。电子产品同样不断地推陈出新。前一年刚刚上市的智能手机,尽管完全能够满足使用需求,也已经因为新技术的出现而变得无人问津。

作为消费者,我们购买商品和服务,而供应商则根据需求出售商品与服务,进而决定我们使用资源的方式、谁得到什么及产业的类型。

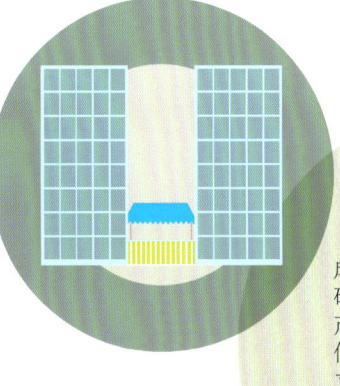

大亨

面对大企业的竞争,很多小公司被迫转行或被收购。与此同时,有的公司成长为全球巨无霸,拥有了超越国家的巨大财富,并获得了不容政府忽视的影响力。

在市场立足

成立新公司或者发布新产品时,确保竞争力十分重要。仅有好的产品是不够的,如果市场已有类似产品时更是如此。为了在市场立足,你必须学会"见缝插针",能够找出潜在的需求,并提供独特的产品。

金钱是世界发展的动力吗

适可而止

自由贸易

世界正在变小

经济起伏

如果市场无法发挥作用

税务问题

未来将会怎样

陷入危机

一场知情的豪赌

贪婪是对还是错

做出正确的决定

以地球为代价

跨国贸易最早出现在数千年前。随着交通运输和通信技术的发展，国际贸易目前几乎已经成为所有国家重要的经济组成。全球化意味着越来越多的公司开始了全球运营和生产。不过，全球化带给世界的不仅仅是经济的繁荣，还有严重的环境问题。

适可而止

在一个供需平衡的市场，生产商和消费者都将获益。然而，现实中几乎没有完美的系统。市场离不开监管，以防止部分人过分得利。

完美的平衡

在理想的世界中，买家和卖家通过市场达成交易的方式可以形成完美的供需平衡，市场能够在没有外部干涉的情况下自行调节。不过，完美与现实总是格格不入的。市场应保持何种程度的自由，以及政府需要对市场运营方式进行何种程度的干涉，引发了经济学家的激烈争论。不干涉政策（laissez-faire）是一个极端，即完全自由、没有任何干涉的市场；而马克思主义经济学家，也就是卡尔·马克思（参见第48页）理论的追随者所提倡的政府完全控制生产则属于另一个极端。在两个极端之间，大多数经济学家认可的理念是：市场需要一定程度的监管，即政府的干涉，以补足市场系统的缺陷。然

> 供应会创造自身的需求。
> 约翰·梅纳德·凯恩斯

市场是否受到了太多的束缚

⬆ **更安全的交通**
就像交通法规限制了车速但提升了安全性一样，市场法规也能够为企业提供存在一定束缚但却更公平的环境。

市场与贸易

而，经济学家争论的焦点在于，市场需要何种程度的自由，以及政府应提供何种程度的干预。

自由思想家

自由市场经济学家表示，大多数监管是不必要的，认为这只会成为企业的阻碍，影响经济的发展并且抑制创新。确实，有些法律法规会限制企业的行为，但几乎没有人会反对禁止企业提供打人服务或销售成瘾药物的法律。还有一些法规以规范企业的运营和防止犯罪行为为目的，例如欺诈和贿赂或者销售伪劣产品。

自由追逐自身的最大利益，或者为股东创造利润，这是企业的天性和目标，但政府必须代表公众，为国家或地区的整体经济考虑。例如，企业可能认为税收是一种负担，尽管政府税收是为了维持教育和健康医疗等公众服务和帮助弱势群体的基础。很多国家都发布了防止不公平贸易行为的法律法规，目的是保护消费者的权益，确保公平的薪酬和适当的工作条件。

有些经济学家认为政府应当通过干预帮助本国或本地区的经济发展。月有阴晴圆缺，自由市场也无法避免繁荣与萧条的轮转。然而，政府能够通过经济规划在一定程度上控制市场走势，进而最大限度地削弱市场波动的影响，从而避免金融危机。有的政府干预，例如进口关税和产业补贴，可以帮助企业与国外公司展开竞争。

自由还是公平

无论是支持还是反对，关于是自由市场还是政府干预的争论并非纯粹出于经济的原因。这也是一个政治问题，一个关于自由与公平的问题。自由主义国家青睐不受监管的市场，因为人们可以自由做出选择，但随之而来的是贫富不均的社会；受社会主义政治家和经济学家推崇的集中控制型经济能够保证相对更公平的财富分配，但同时却设置了太多的限制。即使采用"混合型经济"也无法保持一成不变的模式，因为自由与公平是一个动态的平衡。因此，20世纪80年代以来，"不干涉政策"逐渐退出了历史舞台。

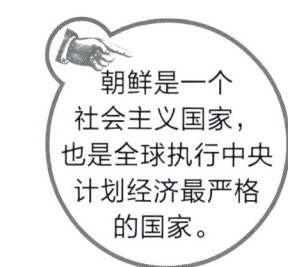

另请参见：第14~15页、第32~33页、第38~39页

> 朝鲜是一个社会主义国家，也是全球执行中央计划经济最严格的国家。

失败的实验

20世纪，很多国家和地区吸收了控制商品和服务生产的共产主义理念。大多数情况下，中央政府管理的经济无法适应需求的变化，导致部分商品过剩、部分商品紧缺。基于此，大多数经济学家认为自由市场十分必要。

自由贸易

除了本国和本地区生产并销售的商品和服务，消费者对其他国家或地区生产的商品和服务也已经司空见惯，甚至习惯了"海购"。国际贸易开始于数千年之前，而进口本国或本地区紧缺的商品并出口本地特色商品已经成为普遍的选择。

另请参见：第32~33页、第48~49页

哪里需要什么

同一个国家或地区的不同商品生产商之间也会进行贸易，以确保商品能够根据需求获得恰当的分配。例如，食物需要从种植区运输到人口集中的城镇，在工业区制造的商品也需要输送到各地区的消费者手中。放眼全球同样如此，部分国家和地区的气候条件非常适合种植粮食作物，而有的地区则蕴藏了丰富的石油或矿物等自然资源，或者擅长生产某类商品。借助贸易手段，国家和地区能够相互交换商品与服务，满足自身的需求。早在数千年前的古代文明时期，国际贸易就已经非常普遍，出现了多条重要的贸易之路，并促进了全球范围的商品流通。工业革命（请参见第42~43页）之前，大型企业主要由商人和国际贸易商掌控，而非商品生产商。

"丝绸之路"是一条存在了超过1500年，并且联系中国、印度、阿拉伯国家和欧洲的重要贸易之路。

扬长避短

在制造业兴起之后，国际贸易仍然是几乎所有经济体的重要组成。绝大多

食品成为商品

对于制造业相对较弱的农业国家来说，粮食在满足自身需求的同时也可以作为商品出口其他国家和地区，然后进口汽车等工业商品。

出口农产品，换取需要的商品。

市场与贸易

数国家或地区都无法保证完全的自给自足，因为获得所有资源并独立提供满足全部居民需求的商品和服务是不可能完成的任务。每个经济体都必须通过购买或交换的方式进口商品与服务。不过，低价也是很多时候人们选择进口商品或服务的原因。例如，某农业国家主要通过进口的方式来满足国内的汽车等工业产品需求，不仅因为其农产品可以在供应国内市场的同时大量出口，而且还因为本地的制造业规模较小使得效率较低。与此同时，另一个国家的汽车制造业非常发达，不仅成本低廉，而且质量出色，但粮食产量不足。如果第一个国家坚持发展制造业，减少在优势产业——农业领域的资金和人员投入，这显然并非不是十分明智的选择。按经济学家大卫·李嘉图（David Ricardo，请参见右上角）的话来说，在农业领域具有"相对优势"的国家应当尽可能发挥其所长。

> 一位经济学家的信条中必然包括"我赞同自由贸易"。
>
> 保罗·克鲁格曼，美国经济学家

大卫·李嘉图（1772—1823）

大卫·李嘉图在伦敦出生，同他的父亲一样也是一名股票经纪人。借助在滑铁卢之战（1815年）前购买的政府债券，他积累了一定的财富，然后进入了政界。作为一位出众的古典学派经济学家，大卫·李嘉图在1817年编写并出版了他的代表性的著作《政治经济学及赋税原理》（On the Principles of Political Economy and Taxation）。

保护自己的资产

国际贸易有时候也并不都是好事。出口商品可以创造外汇，而进口则意味着支出。贸易逆差意味着国家或地区的进口支出高于出口收入，也表示政府需要采取措施来抑制进口，例如增加本地可能并不占据价格优势的同类商品的产量。为了保护本国或本地区的生产商，增强其针对国外生产商的竞争力，政府可能会实施关税，以提高进口商品的售价。有的经济学家并不赞同这种"保护主义"，因为他们认为国家贸易应当避免政府的限制。

另请参见：第68~69页、第104~105页

世界正在变小

国际贸易的历史可以追溯到国家出现之初。最早仅限于相邻国家之间，但随着船舶、铁路、公路和飞机的出现，商品运输效率提高，国际贸易扩大到全球范围。现在，我们利用低价但可靠的运输手段和通信技术真正实现了全球贸易。

不断增长的市场规模

目前全球共有200多个国家和地区，而现代化的交通运输（海陆空）和通信（电话、互联网等）设施已经构建起了全面覆盖的网络。因此，商品与服务出口企业获得了前所未有的广阔市场——全球市场。与每个国家的市场经济发展轨迹类似，全球市场经济开始显现。自由市场结合政府监管的理念是最高效的平衡商品和服务供需关系的方法，该方法同样适用于全球市场。国家和地区在国际贸易中各取所需，而相互之间的竞争可以激励企业保持高效并提供公平的价格。但是，就像其他市场一样，现实中全球市场也存在很多限制。例如，有的国家或地区会针对特定商品征收进口关税，或禁止与特定国家进行贸易。有些国家和地区也会联合起来组建自由贸易区，以促进地区贸易，并严格限制与世界其他地区的贸易。

另请参见：第34~35页、第52~53页、第66~67页

现在，公司的运营可以深入全球的每个角落

全球业务

大型企业习惯于在发达国家设立总部，然后在相对贫穷的发展中国家组织生产，目的是节省交通运输和人工成本。

总部

子公司

走向世界

总体来说，全球化趋势不可避免，全球的自由贸易程度正在不断改进。大型企业借助全球化机会在不同的国家和地区展开销售，并赢得了世界各地消费者的喜爱。很多超市和快餐连锁集团已经建立了遍布全球的经营网络，以提供产品或服务。

此外，还有很多大型企业不仅在国外销售商品，而且还在海外建立了生产基地。不过，这些跨国企业大多选择在富裕的发达国家设立总部，并通过总部指导各地分公司的运营。有的公司甚至完全放弃了本国或本地区的生产业务。在其他国家或地区设立生产基地具有多项优势。例如，在消费国生产商品可以大幅降低运输成本，保证及时响应当地需求；在原料供应地生产还可以完全避免原材料进口成本。但是，最大的节省可能来自劳动力，因为发展中国家的人力成本通常更低。

> 美国打一个喷嚏，全世界都要感冒。
> 佚名

1602年组建的荷兰东印度公司被认为是全球第一家现代意义的跨国公司。

谁将获利

如今，跨国公司会选择在多个国家和地区建立生产基地，然后在全球销售其商品。所以，一家跨国公司可能拥有来自多个国家和地区的雇员和覆盖全球的业务，贸易额甚至会超过一个国家的贸易总额。但是，以美国的跨国公司为例，其管理层和股东可能都来自美国，这就意味着利润也将流入美国。

劳动力的流动

国际贸易进一步促进了全球化，但国际贸易也依赖于商品在全球范围的自由流通。自由贸易的水平不断提高，但劳动力的流动远非如此。很多国家和地区设置了移民限制，目的是保障本地的就业率。也有经济学家认为移民劳动力对经济至关重要。

经济起伏

在过去的两个世纪中,工业化国家的生活标准已经大幅提升,这不仅是经济发展的成果,也是国家财富增加的结果。创造财富是市场经济的成效之一。但是,市场经济的发展也并非一帆风顺,其中也曾出现过起伏波动。

> 除了疯子和经济学家,没有人会相信一个有限的世界能够支撑没有尽头的爆炸式增长。
>
> 肯尼斯·鲍尔丁,英国经济学家

失去平衡

在理想的条件下,"完美"的市场能够始终保证供需平衡,即供应的商品和服务能够恰好满足需求。实际上,市场均衡并不是一个静止不变的状态。很多市场外的因素都会影响供需关系。例如,一家冰激凌商店在炎热的夏天可能面临供不应求的局面,然后不得不在冬季闭店歇业。新技术的出现也可能导致某种产品被淘汰,最新型号智能手机的发布总是会引发旧型号的"跳楼促销"或退市。

因此,市场是一个动态的环境。通常,供需关系只是小范围的波动,但市场的表现终归免不了周期性起伏:供需平衡时期,市场充满活力并平稳

经济活动减缓通常称为"经济低迷",长时间的低迷将演变成"经济萧条"。

市场与贸易

市场波动

市场的经济活动并不平静，而是一个不断起伏波动的动态过程。市场外的因素也有可能影响供需关系，引发或者上升或者下降的周期性波动。

发展；当供需关系失衡时，企业将面临危机。市场的起伏并没有固定的模式，但会直接反映环境的变化，这种起伏被称为经济周期。经济活动，即市场的交易额，是一条不断起伏波动的曲线，而非平顺的直线。发展和扩张的周期总是伴随着下滑或低迷的周期。总体来看，市场保持着稳步扩张——经济发展——的态势：供应和需求都在不断增长，生活标准持续提高。经济的"雪球"越滚越大，沿轨道高速滚动能够带来"繁荣"，但一旦偏离轨道或停滞，甚至倒退，低迷和萧条则无法避免。

随着经济的发展，我们消费的资源也在增加，而支撑经济持续发展的资源正在减少。此外，人口规模不断膨胀，提高生活标准的追求也从未停歇。在资源日趋紧缺的同时，石油、天然气和煤炭等生物燃料的使用也会导致环境问题，引发严重的经济后果。环境经济学家表示，过去两个世纪中生活标准持续改进的局面可能就此中断。现在，我们必须坚持可持续发展，努力减少消费并应用可再生能源，避免以能源和环境为代价的粗犷式经济。

繁荣与萧条

尽管能够带来长期的经济发展，但不稳定性，即"繁荣与萧条"的交替，是市场经济不可回避的一大缺陷，这也为政府干预自由市场提供了最大的依据。

直到最近，大多数经济学家仍然认为市场经济能够持续发展并改善生活标准，尽管起伏波动不可避免。这一理念最早被提出时全球人口总数还比较低，自然资源的供应相对充足，然而环保人士不断警示我们：地球的资源是有限的，并且不可替代。

经济发展就像过山车一样，有高峰，也有低谷。

华尔街股灾

华尔街股灾是20世纪经济繁荣与萧条的典型示例。20世纪20年代，受美国经济飞速发展的带动，纽约华尔街股票市场一片繁荣。但局势在1929年急转而下，大量的公司破产，引发了持续到20世纪30年代的经济大萧条。

经济泡沫

经济泡沫代表了市场的疯狂时刻。人们蜂拥着购买股票,期盼着这些公司能够快速壮大,为自己带来无尽的财富。传言不断扩散和发酵,加上大量的买进,所有股价都开始飙升。一段时间后,股价的猛涨让很多投资者感到心虚,开始撤离。然后,由于信心不再,价格跳水,泡沫破裂。

郁金香狂热

17世纪30年代,荷兰中产阶级掀起了追捧郁金香的浪潮,创造了全球最早的经济泡沫。最初,郁金香从土耳其传入荷兰,并凭借鲜艳的色彩赢得了荷兰人的喜爱,受到了荷兰所有富裕家庭的狂热追捧,推动郁金香球根价格持续高涨。从某一天买家拒绝兑现拍卖会上购入的球根开始,郁金香泡沫破裂了,导致了大量的家庭破产。

南海泡沫

"经济泡沫"源于1720年的大混乱。当时,为了获取贷款以偿还战争债务,英国政府授予了南海公司(South Sea Company)南美洲贸易垄断权。由于认定南海(即南美洲)贸易垄断权将带来大量的美洲财富,南海公司的股票受到热捧,价格开始飙升,大量的投资者因此获利。鉴于此,人们相继发布其他计划。然而,南美贸易始终停留在纸面上,从未真正实施,其他计划也大多无疾而终,南海泡沫最终破灭了。

市场与贸易

当泡沫破裂时
如果特定商品生产商或服务企业的股票遭遇热捧，就会产生经济泡沫。市场过热，投资商撤离，泡沫将破裂，股价也会随之暴跌。

羊群效应（从众心理）

1841年，苏格兰记者查尔斯·麦基（Charles Mackay）提出，经济泡沫源于"羊群效应"，也就是说人们很容易受到周围人的影响，就像受惊的羊群。为了预测可能产生经济泡沫的条件，丹尼尔·卡尼曼（Daniel Kahneman）等行为经济学家和心理学家研究了羊群行为，来了解贪婪和恐惧等行为是如何影响股票市场的。

> 俗话说："人有从众心理。"因此我们经常会先看到全民疯狂，然后才是一个接一个慢慢地恢复理智。
>
> 查尔斯·麦基，苏格兰作家，著作包括《非同寻常的大众幻想与全民疯狂》

互联网泡沫

迎接21世纪的不仅有欢呼和喜悦，还有破灭的互联网泡沫。由于坚信互联网将在一夜之间改变企业的经营方式，投机商吸纳了大量的信息电子商务公司的股份。很多没有交易记录甚至没有收入的公司同样收到了上亿美元的投资，致使电子商务公司的股价飙升。然而，最终事实证明这只是一个幻想，泡沫最终破灭，这些公司的股价集体"跳水"。

2000—2002年，被淘汰投资企业的总价值达7万亿美元。

如果市场无法发挥作用

市场通常被认为是一个良好的中介,能够匹配商品与服务,以及存在需求的消费者。供应商出售,消费者购买,双方通过交易获得各自所需。然而,市场无法始终保持高效地运行。

> 气候变化是迄今为止影响范围最广、程度最深的**市场机制失效**。
>
> 尼古拉斯·斯特恩

不公平的匹配

有很多因素都可能导致市场无法按照预想的方式分配商品与服务,功能失效是自由市场无法回避的问题,甚至坚持自由市场和避免政府干预的经济学家也承认,完全自由的市场是不现实的。

首先,交易的双方——买家和卖家,无法保证平等匹配。卖家可能掌握了买家并不了解的商品信息。例如,即使明明知道车辆需要马上进行昂贵的维修,二手车销售商可能也不会事先告知买家,以防止买家借此压价,或者转身离开。有时候,买家可能处于支配地位。例如,买家出"高价"购买了一家破败的农场,但农场主实际获得的回报远低于其实际价值,因为他不知道的是调查显示这块土地下面是一个大储量的油田。这种"信息不对称",或者不公平,在所有市场中都普遍存在,而且也是人们确保利润最大化的重要优势。为保证市场公平,政府通常会发布与信息披露相关的法规来保证信息透明,同时通过法律防止"内幕交易",即使用没有对公众公布的信息进行获利的交易行为。

完全控制

市场缺乏竞争也会造成另一种不公平——垄断。如果市场只有一个卖家来

↑ 公共商品,例如焰火表演,并非来自市场。

另请参见:第34~35页、第48~49页、第66~67页

缴费处

市场与贸易

搭便车
焰火表演在天空进行，数千米外都可以看到，因此很多人无须买票进入进行表演的公园就可以"搭便车"观看。

提供某类商品，这意味着买家将没有任何选择，只能接受卖家设定的价格。即使有多家供应商，供应商也可以联合组建垄断联盟（cartel）并商定避免价格竞争。这样，买家将不得不支付超出正常水平的价格，为供应商"贡献"丰厚的利润。

谁来支付费用

不过，并非所有的市场机制失效都十分明显。买家和卖家可能都对交易感到满意，但是会牺牲其他人的利益。交易对他人利益的牺牲或者伤害称为"外部效应"。例如，你购买了一把电吉他和一台功放机，你对商品很满意，商家也通过销售商品获得了利润，交易的主体都得到了满足，但你的家人和周围的邻居则不得不忍受你制造的"噪声"。进一步来说，企业可以制造商品来满足消费者的需求，并从中获利，但工厂制造的污染则伤害了公共利益。还有一种涉及公共利益的市场机制失效，即有些商品很难防止人们免费使用，例如焰火表演。焰火表演在高空进行，可以看到的人很多，但我们不可能让所有看到表演的人都为此付钱，所以此类表演通常很难收回成本，这种现象称为"搭便车"。这就意味着路灯、道路和灯塔等公共商品需要由政府提供，而非商业公司。

Caveat Emptor是拉丁语，意思是"购者自慎（一经售出，概不负责）"。

政府补贴
在大多数国家和地区，政府通过利用纳税人缴纳的税款或国有公司来提供公共商品。政府也可以为企业提供资金作为补贴，以鼓励企业提供可能无法保证利润的商品和服务，例如清洁能源。

税务问题

另请参见：第44~45页、第48~49页

政府负责照顾本国或本地区的居民，为他们提供国防和教育等服务。政府需要资金来维持此类服务，并通过征税的方式获得资金。每个国家或地区的政府自行决定其公民缴纳的税款。

税收用于支付国防、警务、教育、健康医疗、福利、基础设施和海外救援等服务的费用。

对我有什么好处

几乎所有人都会以某种形式纳税。通过纳税，我们可以做出自己的贡献，支持对我们所有人都有利的服务。最重要的是，政府可以将纳税所得用于训练和武装军队来保卫国家，以及为警方提供经费以打击犯罪。此外，还有很多需要依赖公共资金的国家服务，包括消防等紧急服务，以及学校和医院等。公共商品也是税款的使用大户，例如公路和街灯，因为这些很难为私人公司创造利润。在不同的国家和地区，政府提供的商品和服务也不尽相同。有的政府

市场与贸易

> **缴纳你的税费**
> 我们所获薪酬的一部分将作为税款缴纳给政府，以用于提供有益于整个社会的公共服务。

> 世界上最令人费解的就是收入所得税。
> 阿尔伯特·爱因斯坦，德裔物理学家

会将大量的税收用于福利，例如针对贫困、残障和失业人口的福利，以及养老金，或提供覆盖所有公民的健康医疗系统；有的政府则仅提供基础服务，以便尽可能地减少政府支出，并降低税赋。

保证公平

提供公共商品与服务并非政府征税的唯一目的。通过针对特定商品征税，政府可以影响市场。例如，政府可以对会造成严重污染的行业征收污染税，以提高其商品的售价，迫使生产商和买家寻找替代商品。很多政府也会针对酒类和烟草征税，以鼓励健康的生活方式。同样，生产可再生能源等受政策鼓励商品的企业将享受低税率。

政府可以通过多种方式来获得税收，例如收入所得税——个人工作所得或者企业所得利润中需要直接缴纳给政府的部分收入。其他形式的直接税收根据持有的财产计算。收入所得税等直接税收通常属于递增式税收，即拥有的财富越多，纳税比例就越高。此外，还有间接税收，例如附加到商品和服务价格中的税收。不过，此类税收经常被批评不公平，因为销售税在低收入人群收入中的占比远高于高收入人群。

沉重的负担

大多数人都对共同负担公共服务的理念表示理解和赞同，但税收仍是沉重的负担。提倡自由市场机制的经济学家认为私营企业可以提供基础服务之外的所有商品和服务，而且高税率会干扰市场运行。美国经济学家亚历克斯·拉弗（Alex Laffer）表示，降低税率可以为企业提供激励，帮助政府获得超出高税率的收入。很多左翼经济学家则认为市场需要一定形式的监管，而税收可以消除自由市场的部分不公平。

> 1799年，小威廉·皮特率先在英国颁布实施了递增式收入所得税，目的是为英法战争筹集资金。

另请参见：第100~101页、第118~119页

避税
政府颁布了很多法律法规来确保所有人公平纳税。逃税，例如谎报收入是违法的，但是没有人愿意缴纳超出应纳额的税款，有的人甚至找出了合法的避税方式。在低税率国家注册公司总部是一个常见的避税方法。

> 在这个世界上，除了**死亡**和**税收**以外，没有什么事情是确定无疑的。
> 本杰明·富兰克林，美国政治理论家

金钱是世界发展的动力吗

未来将会怎样

受动态供需关系的影响，市场的商品价格免不了涨跌起伏。为了保证利润，企业希望尽可能在低价时购入商品，因此很多企业经常提前数月签订订单。不过，按当前价格购买商品对企业来说也是一种豪赌：涨则营利，跌则有可能全盘皆输。

请下注

石油、金属和小麦等商品通过大宗商品市场交易，并由买家和卖家协商确定价格。例如，一家石油开采公司以商定的单价（单位：桶）向炼油厂供应原油。但是，与买家购买商品并带走的街头市场不同，石油并不会被带到大宗商品市场。原油可能位于不同的国家，甚至没有被开采出来，此时不会涉及实际的支付。买家承诺在未来指定时间以商定的价格购买特定数量的原油，卖家承诺以商定价格供应确定的数量。双方达成协议称为期货合同。因为实际完成交易的日期可能在数月之后，这是买卖双方对未来石油价格的一场赌博。在完成供应和支付之前，石油供应或采购期货合同可以转售给其他卖家或买家。买家同意购买任意供应合同持有者的原油，卖家向任意采购合同的持有者供应原油。在交易达成和完成之间，期货合同的合同双方可以完成多次变更。

> 衍生品的价值经常高于实际交易资产的价值。

承诺，承诺

与其他所有可以买卖的物品一样，期货合同可以在被称为"期货市场"的市场中交易。这并非一种买或卖的商品，而是一个供货或支付承诺。这种承诺的价值源于商品，称为衍生品。

外汇市场的交易商也会签订期货合同，即承诺在指定日期以商定的汇率购买或出售货币。外汇期货合同也可以交易。如果买家和卖家之间签订了合同，几乎所有买或卖的物品都可以产生衍生品。

当买家和卖家就未来交易达成一致时，

> 衍生品是金融领域的大规模杀伤性武器。
>
> 沃伦·巴菲特，美国商业巨头和投资家

市场与贸易

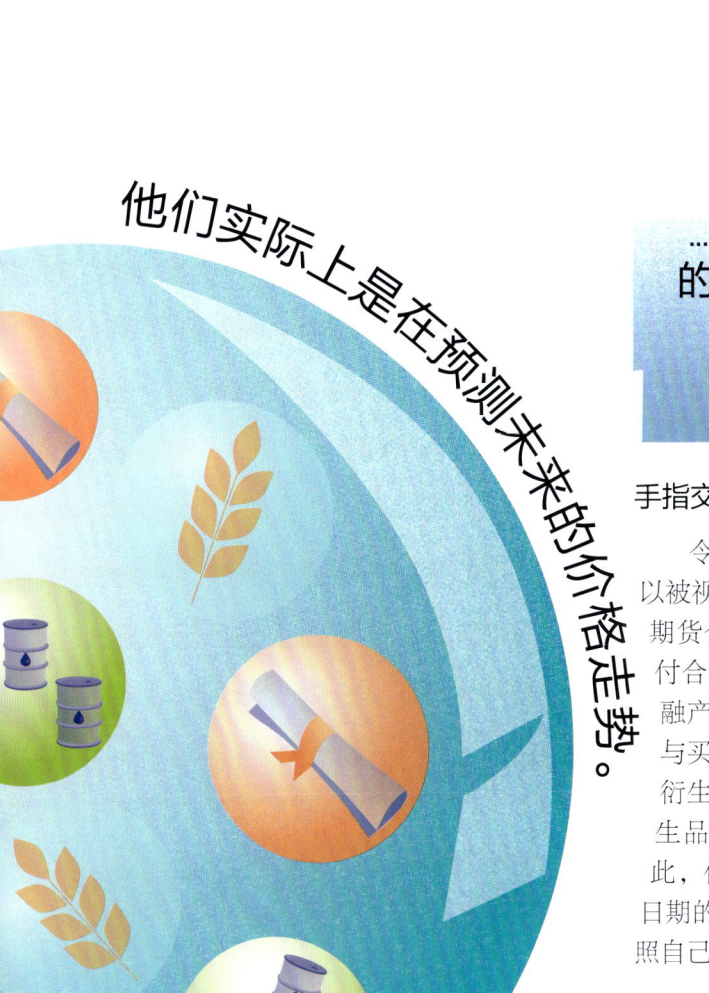

他们实际上是在预测未来的价格走势。

……除了巴菲特先生和**创造这些产品的计算机，**可能**没有人能够理解**信用违约债务（Credit Default Obligations）及衍生品。

理查德·杜林，美国小说家

手指交叉（祈祷）

令人诧异的是，银行与借款人之间的合同也可以被视为能够买卖的衍生品。与购买或出售商品的期货合同类似，借贷协议也是包含指定时间的支付合同。因此，银行可以将持有的债务作为"金融产品"出售。衍生品本身的交易也会产生卖家与买家之间的协议，这就意味着衍生品也会产生衍生品，这无疑会增加市场的复杂程度。尽管衍生品的买卖让人迷惑，对经济学家来说同样如此，但它的基础概念十分简单。在任意未来交易日期的协议中，协议双方都希望商定的价格能够按照自己期望的方向变化，或者至少保持不变。

卖空

通过"卖空"，衍生品交易商甚至可以在价格下跌时获利。例如，交易商可以借（而非买）100股，然后以每股10美元的价格出售，得到1000美元。如果价格跌至每股5美元，他能够以500美元的价格买回。然后交易商将股票（支付借贷费）还给借贷者，获得500美元的差额。

陷入危机

另请参见：第74~75页，第78~79页

市场难免起伏波动，价格也会随着供需关系的变化而经历涨跌。未来将会如何我们无法确定，但是市场的贸易商必须根据预测提前决定要交易的内容，并且选择要承担多大的风险。

明天将会怎样

就像生活一样，所有经济活动也都充满了不确定性和风险。为了参加一场音乐节，你可能需要提前好几个月订购门票，但你无法肯定你心心念念的乐队是否能够出席，或者音乐节是否会因为天气过于恶劣而被迫取消。企业在制订未来计划时同样如此。在经济学领域，风险与不确定性并不等同。有的事情无法预测，特别是未来5年的技术发展趋势和可能出现的新技术，或者可能导致当年咖啡大幅减产甚至绝产的农作物疾病。未来是不确定的，我们也无法知晓这种不确定性将会如何影响现在的决定。

> 在生活中，风险意味着不好的事情发生的概率，但在经济学领域里风险则表示一件事情发生的概率，包括好事或坏事。

低风险、高风险

不过，我们也有信心对未来做出一些预测，特别是短期的走势。例如，如果一家咖啡馆拥有一定的固定客流，并且客流量不断增加，那么可预见的是未来客流将保持增长趋势。再比如，一家制作冬季服装的公司知道每年的销量从夏末开始增加，所以根据经验，本年应该也不会例外。但是，企业的计划经常会涉及高风险。例如，尽管预报称夏天的天气炎热干燥，一家公司仍作出了生产雨衣的高风险决定。如果天气与预测的一致，该公司可能丧失生产雨衣的获利机会，甚至可能亏损。然而，如果天气潮湿，该公司可能因为与众不同的决定而大获成功，获得近乎"垄断"的利润。所以，在企业计划发布产品或者采购下一季的原料时，他们会分析市场趋势，以评估可能的风险。同样，投资者也会查看企业的记录，了解销量是否增加和商品价格是否上涨，来确定是否购买其股票。

熊市和牛市

在股票和债券市场，预测价格将持续上涨的人被称为"牛（bull）"，而预测价格持续下跌的人被称为"熊（bear）"。所以牛市就是价格稳步上涨的阶段，而熊市是价格下跌的阶段。

市场与贸易

> 让我来告诉你在华尔街**致富**的秘诀，那就是在别人**畏首畏尾**时增加投资，在别人高歌猛进时保持谨慎。
>
> 沃伦·巴菲特

充满信心

对任意市场的贸易商来说，过往的信息都是预测未来的重要工具，可以为计算采购与销售决策风险提供指导。很多因素都会影响市场的未来走势，所以风险程度是一项非常复杂的计算，可能涉及大量的数学公式与计算机建模。不过，最复杂的方法也无法包含所有的可能性，对于预测结果人们也不能完全信赖。通常经济决策不仅需要依赖复杂的数学方法，更是"灵光闪现"的结果。有经验的贸易商会形成对所在市场的"感觉"，并且能够根据以往的记录确定对一家企业的信赖程度，判断其他贸易商的反应。在股票市场，除了实际的业绩表现，一家企业的股票价格还在很大程度上依赖于投资者对公司的信心。

另请参见：第86~87页、第142~143页

◯ 机会是什么

尽管我们无法预测经济决策的后果，但我们可以计算可能性，可能性最低的结果将带来最大的回报。

风险越大，回报越大。

一场知情的豪赌

全球金融市场是"证券（Securities）"等金融产品的交易场所，就像一个赌场：买家和卖家都在豪赌产品的未来价值。有些产品安全，有些则具有较高的风险。交易商制订了复杂的方法来计算营利的概率，并最大限度地降低风险。

另请参见：第50~51页

什么是金融产品

与其他市场一样，金融市场的活动同样包括卖家与买家之间的交易。不过，由于金融产品的特质，金融市场的交易很容易让人感到困惑。金融产品看不见、摸不到，例如，公司股票和政府发行的债券等无形产品，因此买家只能获得一份文件来证明其拥有所购物品的所有权，例如债券或股票凭证。这些文件称为金融票据，代表买家与卖家之间达成的协议。

> 术语"明斯基时刻"最早用于描述1998年俄罗斯金融危机的开始。

安全且有保障

总的来说，公开交易的金融产品或者"证券"分为3类。第一类为公司股票。公司通过在股票市场出售股票筹集资金。购买股票的人可以按照比例实际持有该公司，而持股的价值，即股本，通常取决于该公司的利润状况。第二类称为"债务证券"，包括企业和政府发布的债券。债务证券的买家实际上是将资金借贷给发行人，而非购买公司股份。债券是一种保证，发行人承诺在指定日期偿还借款，并支付商定的利息。第三类是复杂的金融票据，例如在金融市场交易的期货合同和其他衍生品（请参见第78~79页）。

什么是风险

与市场中的商品一样，证券的价格也会上下波动。大型且信誉良好的企业股票或政府债券的安全性可能较高，并且能够为投资者提供合理的投资回报。但是，这是一场赌博——购买更多有风险的债券可能带来更多利润。信息技术的发展为金融市场的交易商提

明斯基时刻

美国经济学家海曼·明斯基（Hyman Minsky）认为经济稳定的周期会导致人们信心过度膨胀，贸易商因为坚信价格将持续上涨而轻视风险。明斯基时刻不可避免地到来，投资的信心减退，借贷人无法偿付债务，金融危机爆发。

市场与贸易

> **金融工程**实践伴随着**大量的伪科学**。
>
> 纳西姆·尼古拉斯·塔勒布，《随机致富的傻瓜》

供了新的工具，可以帮助他们计算证券购买风险。他们雇用拥有数学或物理背景而非经济学专业的金融分析师，目的是打败系统，寻找无风险的盈利方式。分析师创造了新的金融产品，利用债务证券的衍生品，其中包括新成立公司或者高危行业工作人员的银行借贷。因为借贷人可能无法偿还贷款，所以这些借贷对银行来说属于高危资产。如果能够将此类资产集中起来交给相对更安全的借贷人，银行可以将其作为债务证券"打包"出售。交易商可以打捆多种不同的资产组合，并分批出售，进而产生更复杂的金融产品。

隐藏的风险

"金融工程"似乎可以完全规避风险，除非大面积出现债务无法清偿的局面。不幸的是，交易商通常不具备分析师的数学计算能力，并且很有可能因过于自信而轻视风险——就像急红了眼的赌徒。而借贷人，受到过于轻松出售债务的刺激，可能会无视风险而放贷。

→ 另请参见：第90~91页，第126~127页

● **分散赌注**
高风险投资与政府债券等安全性高的产品组合能够掩盖风险。

交易金融产品是对其未来价值的一场赌博。

股份
借贷
债券
证券

恶性通货膨胀

焦点

战争等危机有时候可能会导致某个国家或地区出现恶性通货膨胀，这意味着物价在一年内会飙升数倍、数十倍甚至数百倍。货币变得一文不值，人们会想尽办法将手里的货币换成实物，避免遭受更大的损失。恶性通货膨胀通常起源于政府为弥补收入下滑或储备减少而增发纸币的行为。

魏玛灾难

1921—1924年，魏玛共和国（今德国）遭遇了灾难性的恶性通货膨胀。由于支付了大量的黄金作为战争赔款，魏玛政府开始大规模印刷纸币来维持公共开支。因此，货币（马克）价值大跌，物价不受控制。1923年，月度通货膨胀率达到了百分之三万，物价几乎每两天就翻一番。

> "**通货膨胀**如强盗般凶猛、武匪般骇人、杀手般致命。"
>
> 罗纳德·里根，美国总统（任期1981—1989年）

大面额纸币

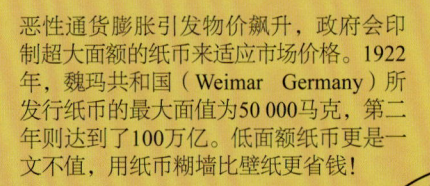

恶性通货膨胀引发物价飙升，政府会印制超大面额的纸币来适应市场价格。1922年，魏玛共和国（Weimar Germany）所发行纸币的最大面值为50 000马克，第二年则达到了100万亿。低面额纸币更是一文不值，用纸币糊墙比壁纸更省钱！

2015年，兑换1美元需要35 000万亿津巴布韦元！

市场与贸易

货币小推车

在一段时间之后的动荡和不稳定之后,政府可能会印制更多的纸币来刺激消费。不幸的是,这可能会导致恶性通货膨胀和物价飙升,从而引发恐慌。

受害者

受恶性通货膨胀冲击最大的当属相对不富裕的群体。富裕阶层可以通过购买外汇的方式避险。在魏玛共和国,有的工人会在工会的带领下要求提高工资以适应物价的上涨速度。但是,大多数人工资上涨的速度远低于物价,例如农民和办公室白领。对于依赖存款和养老金的人群来说,货币购买力的"跳水"将带来灾难性后果。

津巴布韦

20世纪90年代末开始的10年中,津巴布韦经历了可能是历史上最严重的恶性通货膨胀。在私人农场被没收后,政府为了应对产量减少开始印刷纸币。很快,商品的价格开始一天有多次调整,纸币大幅贬值,人们去市场购买物品时甚至不得不推车来运输钞票。2008年11月,通货膨胀率达到了百分之796亿。

金钱是世界发展的动力吗

贪婪是对还是错

经济学家亚当·斯密在描述市场的运行方式时说道："我们的晚餐并非来自屠户、酿酒师和面包师的仁慈，而是他们追逐自身利益的行为。"所以，如果每个人都能够代表自己的利益，那么所有人都可以受益，即所谓的"人人为我，我为人人"。然而，自私是否真的好呢？

> **社会组织**的问题在于如何建立一套能够最大限度地**消除贪婪**的害处的机制。而**资本主义**就是这样一种机制。
>
> 米尔顿·弗里德曼

一切为了自己

在确定将要购买的商品和服务，以及要支付的价格时，我们努力寻求最有利于自己的结果。这是人们自然的选择。生产商制造商品的目的并不纯粹是为了我们的利益，而是为了获得利润，因此他们会努力制订尽可能高的价格。市场的所有参与者都在为自己的利益而努力，自由市场经济学家认为这样可以让所有人受益。生产商出售商品并获得利润，买家支付公平的价格来获得想要或需要的商品。为保护自身利益而展开的竞争推动生产力的发展和创新，为我们提供了更新、更好的产品和更低的价格。因此，经济学家认为利己是好事。

多占多得

但是大多数人都不认同上述理想的市场运行方式。很多企业并不满足于自己的应得利益，他们十分贪婪且富有侵略性。在自身需求得到满足之后，人们很容易受到诱惑想要获取更多，而无视其他人的需求和想法。贪婪的企业和消费者会尽可能地多占多得，远超出其应得（公平）份额，从而获得以他人的利益为代价的富裕。自由市场的不公平可能无法避免，因为它鼓励人们追逐自己的利益，展开相互竞争来尽可能地达成最有利于自己的交易。从一定程度上来说，最自私的企业将获得最大的成功。这样看来，贪婪对企业来说是好事。

自私是错的吗？……或者，是否最终所有人都能获利？

另请参见：第46~47页、第54~55页

市场与贸易

我们不能确定

如果整个社会都鼓励自私，那会怎样？后果可能不堪设想。抛开道德层面不说，贪婪也会对经济产生负面影响。贪婪的企业发展壮大之后，会迫使其竞争者退场，进而形成垄断，主宰市场。如果生产商专注于利润而非产品质量，消费者可能丧失对市场的信心。如果管理者因为贪婪而冒不必要的风险来追逐短期利润，公司可能受损。并且，如果人们始终以牺牲他人利益来获取财富，这将不再是简单的道德问题，而是可能导致更严重的不公平，对经济产生长期的破坏。企业在自利的驱动下会生产破坏环境的商品和服务，牺牲我们所有人的利益，这才是最大的问题。基于上述原因，政府通常需要规范企业和市场，确保企业和市场的运行符合消费者与社会的整体利益，而不仅仅是为了自身的利润。很多社会主义经济学家认为充满竞争的市场本身就是问题的根源，而贪婪只是一种表象。卡尔·马克思认为企业应当被取缔并被人民所共有和运行的产业取代。其他相对保守的经济学家则提倡成员、工人与消费者共同拥有和运行的合作制企业，以保证所有利益相关者都能够获益。

> 我们都知道**无节制**的**自私自利**是不道德的，但我们现在才知道这还意味着**糟糕的经济**。
>
> 富兰克林·罗斯福，美国前总统

戈登·盖柯，电影《华尔街》的主角，表示："贪婪……是有益的。如果贪婪能够发挥作用，那它就是对的。"

圣徒还是罪人

一个富裕的商人可以被认为是自私的，但他的成功也有可能源自生产高价值的商品或服务和提供高薪酬的工作。

内幕交易

在股票市场，交易员有可能获得影响某公司股价的隐私信息，但他的客户可能并不知情。他可以在价格下降前出售股票，或者在股票价格上涨前买入，但此类"内幕交易"在很多国家和地区都是违法的。

做出正确的决定

很多经济理论都以理想条件为基础，而不是现实世界。新的行为经济学研究的是实际的经济决定。在行为经济学中，人类行为与经济学是两个几乎相当的研究对象。

"我直觉认为这是一个好主意。"

"看起来这是一个好的投资。"

"我的直观感觉不错。"

"我没有发现失败的迹象。"

很多经济理论都假设决策是理智的……

"应当没问题。"

"有人告诉我这得到了普遍认同。"

"最后一个还不错，不是表现最差的一个。"

经济人

经济理论常用的一个假设是：经济决定是理性思考的结果，并且经济决策者会权衡利弊。经济理论设想了这一类理想的"经济人"，以表示我们做出购买或出售物品，以及存钱或投资决定的方式。然而，这种理想的经济人是不存在的，而且人们也不会纯粹地依靠理性和计算来做出决定。部分经济学家曾尝试找出人们做出决定的方式，而不是指导人们如何做出决定。

只要足够好

美国政治科学家赫伯特·西蒙（Herbert Simon）是行为经济学领域的一位先驱，他在20世纪下半叶的经济学研究中引入了心理学、社会学和计算机科学的理念。赫伯特·西蒙发现，面对经济问题或选择时，人们并不会始终保持理性并谨慎思考所有可能性之后再做决定。这并不是说我们会丧失理性，而是具有赫伯特·西蒙所称的"有限理性（bounded rationality）"。例如，无法保持理性的原因之一在于经济问题通常涉及很多变量，我们无法保证面面俱到。人的大脑不同于计算机，无法始终理性地处理所有信息。相反，我们会利用一些基本经验原则或"试探法（heuristics）"。尽

丹尼尔·卡尼曼（1934年— ）

作为2002年诺贝尔经济学奖联合获奖人，丹尼尔·卡尼曼更像一位心理学家，而非经济学家。他在特拉维夫出生，但在巴黎长大。1948年，以色列宣布成立，丹尼尔·卡尼曼在以色列学习心理学。之后他在以色列和美国的大学中学习并任教，并找到了终生的挚友和同事——阿莫斯·特沃斯基（Amos Tversky）。

> 在轮盘赌**长时间连续"出红"**之后，大多数人都会**错误地**相信"出黑"的概率将大增。
>
> 丹尼尔·卡尼曼和阿莫斯·特沃斯基

管并非理想的解决方案，但这种方法可以让我们做出"足够好"的决定。

现实点

赫伯特·西蒙的研究显示了经济学与心理学之间的联系，两位心理学家——丹尼尔·卡尼曼和阿莫斯·特沃斯基进一步发展了该理论。丹尼尔·卡尼曼和阿莫斯·特沃斯基的研究最初以经济决定为主，但同样也与我们作出决定的方式密切相关。与赫伯特·西蒙类似，两位心理学家的研究显示我们倾向于根据不完整的信息作出决定，例如我们的个人经历或道听途说，而不会考虑所有的选项。

因为我们希望快速作出决定，不愿深思，所以我们经常会做出错误的假设，或者按照直觉、灵感或喜好来决定。有时候，我们的想法根本就是错的。例如"赌徒的谬误"：如果向上抛一枚硬币，并且硬币连续10次都是反面朝上，那么下一次硬币正面朝上的概率将增加。实际上，硬币正面朝上的概率仍然为50%，与此前的结果并无关联，人们只

做个决定吧

需要做出决定时，我们经常会依赖感性判断，而不是理性思考，因为前者更快、更容易，而且很多时候更合乎我们的心意。

……但是，我们很少

会考虑

其中

涉及的

> 面对售价不同的3个类似的物品，我们倾向于选择中间价位的商品，而非最便宜的那个。

需稍微细想就能明白事实的真相。丹尼尔·卡尼曼解释称，我们可以理性地思考，但做出直觉或感性的决定更容易，也更快。通过行为经济学研究，经济学家逐步意识到，基于完美的"经济人"理性行为及经过计算机精密计算和建模推导出的经济分析结果而得出的经济理论可能无法真实且完整地表现现实世界的经济运行规律。

另请参见：第132~133页、第142~143页

2007年至2008年金融危机

2008年9月，出乎所有人的意料，投资银行界的巨头——雷曼兄弟宣布破产，标志着金融风暴的爆发。很多经济学家认为这是自20世纪30年代经济大萧条以来全球最严重的金融危机。幸亏政府的大规模紧急救助，很多大型银行才能幸免于难，避免了破产的命运。受金融风暴的冲击，全球市场在差不多一年的时间中陷入停滞，导致大量的人口无家可归或者失业。

危机的起源

经济学家对危机的起源或者原因一直众说纷纭，没有统一的意见。但美国"次级抵押贷款"是公认的导火索之一。信用记录较差的人群获得了抵押贷款，这些贷款被打捆传递给大型银行的金融"工程师"，并由工程师汇总用于支持银行间贷款。次贷引发的问题在于，哪怕只有少量借贷者无法还款，也有可能导致银行间贷款出现类似多米诺骨牌的崩塌。

银行业危机

在2007年和2008年，多家银行宣布破产，引发了波及全球的金融风暴，导致了高达数万亿美元的损失，政府不得不采取干预措施来避免更多的银行破产。

债务包

自20世纪80年代撤销银行监管（当时废止了大量的监管法规）以来，人们普遍认为银行在"金融工程"的路上已经越走越远。银行建立了一系列精致复杂且高风险的机制，以通过买卖贷款证券的方法来获得收入，因此形成了复杂的债务链。实际上，银行将大量的资金用于赌博，但没有足够的储备来应对损失。伴随金融风暴的爆发，很多金融弊端开始显现。

市场与贸易

大到不能倒

面对大型银行的相继破产，政府开始出手干预。如果大型银行全部倒闭，数以亿计的普通账户可能面临破产局面。为避免这一灾难性后果，政府开始救市。但是这些银行的债务极为庞大。仅以美国为例，拯救这些大型银行的成本高达16.8万亿美元，占美国国民生产总值（GDP）的比例达到了1/3。因此，有人认为应当放任这些银行倒闭。

大衰退

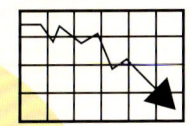

2007年到2008年的金融风暴引发全球经济大衰退，即全球经济增长的停滞期。各个国家或地区受冲击的程度可能不尽相同，但低迷的市场导致2009年全球国民生产总值出现了自第二次世界大战以来的首次下滑。由于担心国债增加，很多政府采取了"紧缩"政策，来削减开支。有些经济学家认为该政策会导致局面进一步恶化。

2008年10月，受市场低迷的影响，英国公司的市值缩水900亿美元。

> "我们对全球**金融风暴**的确切认知就是我们**了解得不够**。"
>
> 保罗·萨缪尔森，1970年诺贝尔经济学奖得主

以地球为代价

在过去的两个世纪中，工业为很多国家带来了前所未有的财富。工业化国家实现了经济的持续增长和人们生活水平的不断提高。但是，繁荣的背后是地球生存环境的恶化，而环境恶化的后果已经开始显现。

可怕的预测

自18世纪末最初的现代化工业建立（请参见第42～43页）以来，工业似乎具备了无所不能的生产能力。与此同时，地球提供了近乎无限的煤炭和铁矿石等自然资源，充分满足了新兴产业的发展需求。就连农业产能也因为机械化程度的提高而大幅改善。随着社会财富的不断增加，消费需求持续增强，消耗了不断攀升的商品产量。似乎没有任何理由能够中断生活标准持续提升的脚步。部分经济学家提出了质疑。罗伯特·马尔萨斯（Robert Malthus）警告称，鉴于人口规模持续膨胀，消费增速有可能超过供应。在19世纪和20世纪，他的警告看起来似乎有些悲观。然而，到了21世纪，由于全球人口的爆炸性增长，基本资源的供应无法满足需求。我们生存的地球只能提供有限的资源，我们必须限制对资源的消耗，这已经成为越来越多的人的共识。地球上可以种植食物的土地是有限的，淡水的供应也是有限的，而我们的需求不仅限于食物，还包括制造商品、能源和交通运输服务。这些需求无一例外地都需要消耗煤炭、天然气、石油及矿物等不可代替的资源。

> 从2003年到2015年的12年间，全球人口数量增加了10亿，达到了73亿。

造成了哪些破坏

目前，工业化也在破坏环境。显而易见的例子是冒着浓烟的工厂，以及在路上行驶的汽车，工厂废气和汽车尾气都在影响着城市的空气质量。但是，工业化的破坏远不止于此。二氧化碳等温室气体的排放导致了全球变暖，引起了威胁粮食生产的气候变化，极端天气状况的出现和全球海平面的升高，正在破坏着经济的健康和企业的发展。与此同时，工业也在影响着农业生产：污染不断地破坏我们赖以生

集体行动

污染、气候变化和资源枯竭是需要全球共同面对的问题，因为这些问题并不针对特定的国家或地区，也没有受到国境线的限制。我们必须共同努力，探索经济和政治领域内可行的解决方案。我们需要在全球推行限制消费的措施和产业规范政策，因此国际合作必不可少，这也是解决这些问题的关键。

市场与贸易

> **可持续性——这是理解未来的一个关键词。**
> 帕特里克·迪克松，英国预言家

存的土地、河流和海洋，耕地变成了林立的制造业工厂或者开采矿产资源的矿井。为了增加农产品的产量，人们大规模地砍伐雨林，滥用除草剂和杀虫剂，不断地开发基因变异作物，这可能导致生态系统的失衡。工业已经对环境造成了不可挽回的破坏，如果不做出改变和调整，工业时代及不断发展的工业繁荣可能都将无法持续，甚至可能走向末路。这不仅是一个经济问题，也是一个科学问题，需要经济及科技专家齐心协力，共同应对。

处罚污染者

目前，我们可以采取的经济措施包括增加污染企业的税收。针对排放温室气体或有毒废品的处罚性税收能够刺激生产者寻求洁净的生产方法，同时为政府提供资金来应对污染导致的问题。政府也可以实施排放限额制度，处罚超出排放配额的企业，并且随着排放交易系统的问世，无污染或低污染企业持有的配额变成了商品，为清洁产业提供了直接的经济利益，抑制了污染企业的发展。

> **地球有限的自然资源在不断减少，而人类的消费规模却在不断膨胀。**

◉ **有限的自然资源**

地球的资源是有限的，然而经济的发展和人口的猛增却刺激着消费量，让其持续攀升。除非我们能够控制消费，资源将不可避免地变得越来越紧缺，获取资源的成本也会越来越高。

→ 另请参见：第104~105页、第112~113页

市场与
贸易实践

保证安全

人们投资股票或者其他金融产品的目的是获得收益。但市场在不断地变化，投资总会经历盈利或亏损。因此，有的人会降低利润预期，选择更安全的投资，例如政府债券或银行储蓄。

涨与跌

有的贫困国家为生存而挣扎，有的国家和地区则保持着高速发展，还有的发达国家则开始走下坡路。在经济领域，一切都是不确定的。未来一个世纪，美国、欧洲和日本可能会被新兴的经济体所取代。

经济预测

制定经济决策通常需要预测未来的发展趋势，例如价格上涨还是下跌。经济学家虽然使用了复杂的计算机建模和算法来做出预测，但这种方法也无法包括所有自然的不确定性，例如天气，还有完全不具备预测可能性的人类行为。

走私财富

大多数国家都对禁止和允许进口的商品做出了明确的规定，例如严禁枪支和毒品进口，对烟草和酒类饮料等特定商品的进口征收关税。不过需求总会催生市场，例如违法但回报惊人的走私市场。

市场与贸易

运输成本

全球贸易为有的国家和地区创造了财富，也让贫困国家通过出口而获利。因为人们对低价产品的需求增加，国际旅行也随之流行开来，交通运输作为一个基础行业应运而生。不过，交通运输也是一个以环境为代价的行业，特别是航空运输，其运输过程中会排放大量的温室气体。

基本收入

有的经济学家，例如米尔顿·弗里德曼（Milton Friedman），认为税收系统应当为低收入人群提供补贴，以"负收入所得税"取代福利支出，确保每个人都有基本的收入保证，同时要求所有高收入者都必须缴纳收入所得税。

发达国家通过贸易积累了大量财富，并借助投资保证经济的发展。为了实现财富的合理分配，政府制定了法规，并建立了税收制度。但在21世纪，企业将面临更多以减少破坏和保护环境为目标的限制。

碳足迹

工业化带来了繁荣，这一点毋庸置疑。但是，我们每个人都不可避免地留下了"碳足迹"——因为我们的行为导致的二氧化碳排放量。为了减轻由此产生的破坏，有的人认为我们必须发明新技术来消除污染，而有的人表示我们必须停止使用化石燃料，寻找新的替代能源。

以人为本

有时候，针对自由市场的限制并非完全出于经济原因，也是出于以人为本的考虑。大多数国家都发布了保护消费者、打击假冒伪劣有害商品的法规，同样颁发了劳动相关的法规，以防止盘剥工人的"血汗工厂"——要求工人长时间劳动但支付低报酬或零报酬的工厂，并禁止童工和奴工。

金钱能否买来**幸福**

- 衡量一个国家/地区富裕程度的标准
- 谁来提供货币
- 货币从何而来
- 为什么有的国家贫困
- 谁能够从全球化中获益
- 贫困问题
- 帮助发展中国家
- 偿付时刻
- 工资差距

很多国家和地区的生活标准都出现了前所未有的提高。当代工业和技术带来了大量的财富。因此很多人在她满足自身需求的同时开始积累财富。然而,数以亿计的人口仍然生活在贫困线以下。经济学家需要解决的一个问题是:如何实现更公平的财富分配,以帮助贫困国家和地区的发展,并促进经济的繁荣。

衡量一个国家/地区**富裕程度**的标准

全球有约200个国家和地区，其领土面积不尽相同——有的大，有的小；人口规模同样差异巨大——或者稠密，或者稀疏。在富裕国家，人们的生活水平获得了前所未有的改善；在贫困国家，大多数人口仍在为生存奔波。经济学家想方设法地衡量特定国家或地区的收入水平，以评判当地的贫困或富裕程度。

形成具体的数字

衡量一个国家或地区的富裕程度有很多用途。我们需要知道哪些国家严重贫困，并应当得到富裕国家的帮助。我们需要了解每个国家和地区的生活标准——人们能否获得足够的生活资料。我们需要了解一个国家或地区的财富发展态势——增加或者减少。衡量个人财富很容易，例如，我们可以通过他/她的银行存款数额、当前所有及更重要的因素——收入状况来做出判断。然而，衡量一个国家和地区富裕程度的难度相对大得多，因此经济学家也提出了很多不同的方法和建议。最普遍的一个标准是国内生产总值（GDP）。

> 国民幸福指数比国民生产总值重要得多。
>
> 不丹国王吉格梅·辛格·旺楚克

一个国家或地区到底有多富

一个国家或地区所有商品和服务的价值可以帮助我们判断其收入，但国家或地区的富裕程度还取决于人口规模等诸多因素。

生活标准与不均

计算GDP的方法是：累加一个国家或地区在一年内的商品和服务的价值总和。这些商品和服务的价值会在买卖中体现出来，而GDP可以反映这个国家或地区的经济活动，帮助我们了解其收入状况。

虚假表象

不过，这种方法可能无法真实反映一个国家或地区的富裕程度。尽管美国的GDP领先全球，但论及富裕程度却无法独占鳌头。例如，用GDP衡量，卢森堡是一个经济小国，但得益于同样较小的人口规模，卢森堡的平均富裕程度远高于美国。受累于庞大的人口规模，尽管能够在GDP数量上保持领先，但有的国家和地区仍未达到富裕的水平。

为了更精确地衡量一个国家或地区的富裕程度，人们选择了人均GDP，即用一个国家或地区的商品和服务的总价值除以该国或地区的人口总数。人均GDP通常用于衡量一个国家或地区的生活标准。不过，这样也可能导致误解，因为人均GDP只能显示每位居民的平均富裕程度。大多数国家和地区都无法保证公平的财富分配，进而导致大多数人口穷困和少数人生活奢靡的局面。比较不同国家或地区的生活标准也经常会导致错误的结果，原因在于生活成本的巨大差异。例如，一位居民可能在印度生活得很舒适，但相同的收入可能让他在瑞典举步维艰。人均GDP通常可以衡量一个国家或地区在一年内的经济活动。这些数值能够展现一个国家或地区的经济发展状况——富裕程度增加还是降低，以及增幅或降幅有多大。

支出

GDP可以反映出一个国家或地区的收入，但了解经济的公平性则必须衡量当地的支出。一个国家，与商人类似，也会因为特定的项目而借贷，也会面临还债的问题。大多数国家都离不开国际贸易，所以资金流入与流出的对比广受关注——流入大于流出的局面称为顺差，流入小于流出的局面称为逆差。

另请参见：第104~105页、第112~113页

全球经济规模领先的国家分别是美国、中国和日本。

要比较不同国家和地区的生活标准，我们必须衡量其财富和人口数量。

幸福指数

俗话说："金钱买不来幸福。"1972年，不丹国王表示，国家虽然贫困，但人们都很幸福。他还提出了类似GDP的国民幸福指数（Gross National Happiness）的幸福衡量标准。这个标准引起了经济学家的重视，甚至催生了联合国全球幸福指数年报。

谁来提供货币

企业通过出售商品和服务来获得利润,并将收入用于支付原材料、机器设备和工人工资等成本。但是,在通过销售获得现金流入之前,公司需要筹集资金来开启新业务,或者购买新设备或厂房/办公室。

> **支付工资的不是雇主。雇主只是货币的"搬运工"。客户才是支付工资的人。**
>
> 亨利·福特,美国实业家

筹集资金

另请参见:第48—49页、第52—53页

除了销售商品和服务的收入,无论是大型跨国公司还是个体商贩,几乎所有的企业可能都需要在某个时间节点筹集资金(数量可能天差地别),因为启动新的业务(举例来说)需要购买工具和机械设备、租赁或购买厂房/办公场所或者车辆来运输商品、招聘工人,这些都是启动成本。随后,企业可能希望扩大规模,发布新产品或者更新计算机系统,而这些也都意味着支出,甚至经常需要在获得任何销售收入之前完成支出。

企业可以通过多种方式来筹集资金并满足运营需求。企业可以选择贷款,然后在一段时间后向贷款人支付本金和利息。这样企业可以在需要时获得资金,然后通过销售获得利润来返还贷款。大型企业也可以通过上市并向投资者出售股份的方式筹集资金。这种方式的优势在于筹集的资金并非贷款,因此企业无须偿还。相反,股东的投资可以为他们提供部分所有权,让他们有机会提出自己对公司运营的意见,并获得公司未来利润的分成。

谁来付钱

无论企业选择哪种筹集资金的方式——借贷或者出售股份,贷款人和股东都要求获得回报。最常见的贷款来源是银行,而银行会与借款人协商确定借贷期限内的利率(总贷款的百分比),并通过利息获利,因为企业的还款额必须高于借款额。不过,不是只有银行从事贷款业务,很多大型公司也

弗里德里希·哈耶克(1899—1992)

作为奥地利学派一位著名的经济学家,1974年诺贝尔经济学奖联合得主弗里德里希·哈耶克在维也纳出生和求学,然后在伦敦经济学院任教,后来任职于芝加哥大学。弗里德里希·哈耶克形成了以私人融资企业为中心、避免政府干预的自由市场经济理论。

生活标准与不均

企业有多种筹集资金的方式

公司获得资金的方式有很多，例如银行贷款和政府补助，还有股东、银行、其他公司或政府购买股票的款项。

回报是支付给贷款人的本金和利息或者支付给股东的部分所有权和利润分成。

会出售公司债券，并在到期后赎回——这实际上是一种从私人投资者手中借贷的方式。政府也经常向企业提供贷款，特别是创业公司，以帮助他们开展新业务，或者鼓励行业，造福社会。有的企业，例如可再生能源供应商，可能会得到政府的无偿拨款或补助。

买入

购买公司股份的投资者有很多类型，其中包括私人投资者。但大多数股东都是机构投资者，例如投资公司、养老基金和银行。政府也会购买私营公司的股份，一方面作为投资来获取利润，同时还能保证一定的控制力。政府甚至会购买大多数股份，将公司转变为公有性质，就像挽救陷入金融风暴且濒临破产的银行一样。

在国有商业企业中的公共投资，例如国有健康医疗系统、监狱、铁路或能源公司，也可以向私人投资者提供股份，以便政府筹集资金，并作为税收以外的收入，共同资助公共服务。

> 借款人通常必须提供抵押物，例如名下持有的建筑物。如果无力偿还债务，借款人将失去这些抵押物。

另请参见：第116~117页、第134~135页

货币从何而来

由于可以用来支付所购买的物品，因此货币会在一个经济体内快速且持续地流转。工人通过劳动获得薪酬回报，然后将其用于购买商品和服务，商品和服务的销售收入用于生产更多的商品和服务，以及支付工资。但是，货币的供应并非无中生有，而是银行调控发行的结果。

通货币供应量的方法。例如，客户A有100英镑，她把这笔钱存到了银行。银行将A存款中的90英镑借给了B。A仍然拥有100英镑，可以在她需要时支取；而B也可以获得90英镑的贷款。这意味着货币供应量合计为190英镑。与此同时，银行的储备金只有10英镑。假设B花费了90英镑，用于支付C的工资，C将其工资存入银行。然后，银行可以将C的存款借贷给D，如此循环。通常，银行的贷款额要高

新钞

一个经济体中流通的货币数量称为货币供应量。货币供应量并不是固定不变的，它会跟随经济整体的波动而变化。例如，在企业扩展业务和寻求贷款时，货币需求会增加。发行货币是银行的职责，但货币供应量不能凭空而定，货币投放必须有理有据，避免产生负面影响。

传承

事实上，银行可以根据当前流通的货币"创造"新货币。银行的业务有两个基本内容：照看和管理人们放在银行的存款；为需要资金的人提供贷款——银行使用客户的存款向其他客户放贷。银行系统同样提供了增加流

生活标准与不均

于其拥有的储备金。然而，一旦借款人无法偿还贷款，储户将无法一次性全额提取其存款，银行可能会以数倍于储备金的数量增加货币供应量。

保持控制力

当然，"创造"货币是一项必须受到严格管控的业务，并且有很多专门的法规来限制银行增加货币投放的行为和数量。在大多数国家和地区，银行需要接受中央银行的监管，而中央银行则由政府设立，如英格兰银行或美国联邦储备银行。通过决定银行相对于其储备金的贷款数量及可以收取的利息数额，中央银行能够控制流通货币的数量。中央银行本身也可以向银行贷款，以满足银行在储备金不变的情况下增加借贷额的需求。中央银行还能够通过印制钞票直接增加货币供应量，或者向政府或公司放贷并以电子的形式增加供应量。这种创造货币的方式称为"量化宽松"。

但是，如果银行能够不受限制地发行货币，那么商人会更肆无忌惮。最著名的一个例子是意大利商人——查尔斯·庞奇（Charles Ponzi）。20世纪20年代，查尔斯·庞奇在美国实施了一个庞大的骗局——著名的庞氏骗局。用后来者的投资为前期的投资者支付丰厚的利润，庞氏骗局的手法十分简单，但高额的回报蒙蔽了人们的理智，上当者数不胜数。在骗局被揭穿前，查尔斯·庞奇收到了数百万的资金。

伯尼·麦道夫

在庞氏骗局的大规模诈骗（参见下文）之后，大多数投资者都对高回报的投资心存忌惮。但是，60年后，数千人卷入了美国有史以来最大规模的诈骗。2009年，投资顾问伯尼·麦道夫因为实施超过25年的庞氏骗局而锒铛入狱，但其客户的损失则达到了约180亿美元。

另请参见：第112—113页、第124—125页

> 20世纪20年代，庞氏骗局的投资者损失了约2000万美元，相当于现在的2亿美元以上。

银行控制一个经济体内的货币供应量。

> **钱才是一个人最好的信用。**
>
> 约翰·杜威，美国哲学家

← **制钞**
中央银行控制货币供应量，即一个经济体内流通的货币数量。中央银行可以决定是否增加货币借贷量，进而增加流通货币的数量。

为什么有的国家穷困

很多国家和地区获得了前所未见的财富，工业兴旺，经济繁荣。所以，发达国家不但可以保证充足的生活必需品供应，而且还提供了大量的奢侈品。然而，欠发达国家则面临着不同的情况，并且仅在全球财富中占据很小的份额。

全球最富有的62个人拥有的财富与全球最贫困的50%人口（35亿人）所拥有的财富相当。

> 没有任何社会能够保证**繁荣和幸福**，因为其中大多数成员的生活都**十分穷困**。
> 亚当·斯密

我们都是不一样的

世界各个国家或地区之间的自然条件都不尽相同，例如领土面积和气候，因此经济差异不可避免。当代世界最富裕的国家都通过经济发展获得了繁荣，也就是说他们增强了工业生产的效率和生产力，实施了有利于经济发展和技术进步的经济制度。

走向富裕

欧洲国家及随后的美国和日本是率先实现工业化的国家，并且其居民生活水平也在持续提高。领先的生产力带来了相对于欠发达国家的优势，使得发达国家在国际贸易中获得了出众的竞争力。因此，贫困国家无法通过贸易获得足够的利润，以支持本地区工业的发展。有的欧洲国家建立了帝国，在全球进行殖民，掠取需要的资源。所以，

在某些国家，供应绰绰有余……

生活标准与不均

在发达国家积累财富的同时，殖民地则无法享受资源带来的收益。有些欠发达国家的富裕程度也在提高，例如波斯湾的沙特阿拉伯和卡塔尔。尽管大多数人口都生活在沙漠中，但凭借丰富的石油储量，这两个国家成功跻身全球富裕国家的行列。

步履艰难

　　缺乏当代工业技术，导致无法利用自身的资源，这是很多贫困国家发展缓慢的重要原因。很多贫困国家仍以农业经济为主：小规模的种植业和渔业只能满足当地需求，较大规模的农业企业则只能出口农产品；制造业必须依赖廉价劳动力，商品运输又受到了恶劣公路和铁路基础设施的阻碍。甚至还有很多贫困国家不得不寻求国外政府和公司的资助，这些国家被称为"发展中国家"。很多发展中国家的政府实行了鼓励发展当代工业的政策，以尽力利用其资源并促进贸易。新兴工业和海外投资提供的

南半球与北半球

观察全球最富裕国家在地图上的分布可以发现，这些国家大多位于北半球。工业化革命推动了欧洲的发展，以及对北美洲的开发。然而，非洲、南美洲和亚洲很多国家的发展则严重滞后。直到现在，这些国家的工业仍缺乏竞争力。

资金用于改善基础设施，例如通信、道路和电力等。发展中国家的经济正在突飞猛进地发展，但他们仍面临着来自发达国家的竞争压力。尽管情况有所好转，但全球生活在贫困线以下的人口仍不在少数。

富裕和贫困
富裕的工业化国家提供了高生活标准和便利的现代化设施，但全球仍有很多国家的居民依然在努力挣扎求生。

另请参见：第108~109页、第112~113页

其他国家则只能满足基本的生存需求。

国际金融机构

第二次世界大战之后，全球经济和货币系统一片混乱。为了监管国家和地区之间的货币流动，提供贷款来帮助地方发展经济，覆盖全球的国际金融机构（International Financial Institution，IFI）网络宣告成立，其中包括国际货币基金组织（International Monetary Fund，IMF）和世界银行。

限定货币

20世纪30年代的经济大萧条中，很多国家为了促进出口实施了货币贬值政策，但这种方法却导致了市场进一步萎缩，市场低迷的时间延长。为结束这种状况，全球领导者在1944年会聚一堂，就货币与美元挂钩（即与美元保持固定汇率）达成一致，并建立了提供紧急资助的国际货币基金组织（IMF），以及提供贷款以支持长期发展的世界银行。

贸易和劳动力

国际金融机构关注国家和地区之间的货币流动，并且具有类似银行的功能。不过，国家和地区之间也会通过其他组织建立联系。1994年成立的世界贸易组织（World Trade Organization，WTO）负责监管贸易及全球95%的金融服务，拥有强制执行其规则的法律效力。国际劳动力组织则以在全球范围内确保公平的工作环境为努力目标，但不具有法律效力。

生活标准与不均

全球银行
包括世界银行和国际货币基金组织在内的多家组织控制着全球的金融交易，为发展中国家提供有附加条件的贷款。

为偿还2010年获得的紧急救助，2015年爱尔兰向国际货币基金组织提供了10亿欧元的利息。

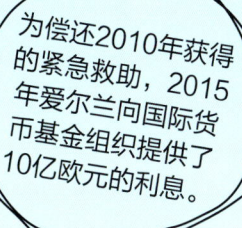

华盛顿共识

国际金融机构可以提供救助贷款来帮助一个国家或地区的经济发展，但救助通常是有条件的，例如要求被救助国家或地区开放市场、允许国际贸易并减少政府干预。这些条件被称为华盛顿共识。但有很多观点指出华盛顿共识并不能真正帮助最穷困的国家，只会进一步增强全球企业的影响力。

"世界银行、国际货币基金组织、世界贸易组织等非民主组织才是世界的幕后统治者。"

若泽·萨拉马戈，1998年诺贝尔文学奖获得者

希腊援助

2009年，希腊陷入债务危机。欧洲委员会、欧洲中央银行和国际货币基金组织（三巨头集团）同意提供援助。作为回报，希腊政府必须削减支出和出售国有资产。2015年，由于政局动荡、失业率大幅上升，希腊提前开始大选，希望通过新一届政府来扭转紧缩政策，但是之前定下的援助条件是希腊必须继续削减开支。终于，在经历了将近一年的艰苦谈判之后，双方最终达成一致。

谁能够从全球化中**获益**

现代化通信和交通运输为商品贸易的全球化提供了便利和可能，跨国公司将当代工业推广到了发展中国家，让所有国家都获得了在全球市场进行贸易的机会。全球化应当让所有人受益，但实际上并非如此。

> 可口可乐的销售网络已经覆盖了除朝鲜外的全球每个角落。

处于劣势的后来者

全球化并不能为所有国家和地区提供均等的收益，总会有多有少。当然，全球化提供了一个广阔的市场，为贫困国家和地区带来了大量的潜在客户。然而，除非能够提供极富价值的自然资源，例如全球稀缺的石油或黄金资源，否则这些国家将不可避免地要与其他原材料进口国或制成品出口国展开竞争。根本的问题在于，贫困国家在全球市场中相对于富裕的工业化国家处于劣势，因为其大多数都以农业或矿业为主，制造业基础薄弱甚至没有。并且，由于缺乏现代化机械设备，贫困国家或地区同样无法保证其自然资源、开发效率和成本足以同发达国家相竞争。要确保竞争力，降价和减少利润似乎是唯一的选择，而这又进一步限制了工业的发展和经济的繁荣。

帮把手

并非这些国家或地区无法提供发达国家需要的产品。有的国家和地区富有自然资源，但所有地区都可以提供人力资源，即数量最多且愿意工作的人口。不过，无法发展高效且高产的企业才是这些贫困国家或地区面临的问题，而这正是发达国家的优势所在。跨国公司可以在发展中国家兴建产业，提供其需要的机械设备、基础设施和技术，然后利用当地的自然资源，并雇用当地劳动力。这样一来，跨国公司既获得了资源和廉价劳动力，也为当地提供了当代产业和促进经济发展的投资。随着外国企

脏活儿、累活儿

随着财富的积累，富裕国家开始抵制污染行业，居民也越来越不愿意从事脏、累或者危险的工作。因此，跨国公司会将此类行业转移到环保和雇用监管相对宽松的发展中国家。这会为当地经济带来短期收益，但也有可能导致持久且代价昂贵的破坏。

另请参见：第104~105页

生活标准与不均

> 在这个**财富空前丰富**的时代，国际社会……竟然允许近30亿人口——几乎一半的全球总人口——每天只能依赖2美元甚至**更少**的费用**维持生计**。
>
> 科菲·安南，前联合国秘书长

业的到来，全球很多地方已经从农村变成了现代化工业城镇，当地居民也凭借固定的工资收入脱离了贫困。

危害

外资公司确实可以促进当地的经济发展，例如，出资改善公路、铁路和机场设施，但他们拥有这些产业建筑和机械设备；外资公司也会雇用当地工人，但管理层大多来自其本国。并且，经营利润的大头也将归外资公司所有，而非回馈给当地经济，有的跨国公司极少甚至完全无须缴纳地方税。但跨国公司在发展中国家的运营能够为当地带来经济繁荣，而这可能是无法依靠当地力量实现的结果。

跨国公司也会遭受批评，因为他们的目标不是发展当地产业，也不会重视发展的可持续性。此外，跨国公司不会毫无保留地提供核心技术或者支持工人学习尖端技能，以避免当地出现具有竞争力的企业。跨国公司会作为独立的个体参与全球市场，而不是代表运营所在国。甚至，从长远角度来看，跨国公司有可能会加重贫困国家的经济发展对外资的依赖程度。

给予和索取 →
全球化产业可以为当地增加就业机会，但利润通常会直接返回本国，而不是用于发展当地经济。

利润大多归跨国公司所有，而非运营所在国。

贫困问题

全球有数十亿人口仍生活在贫困中,他们无法负担自身或家庭需要的食物和衣服成本,缺乏干净水供应及供暖和照明等基础设施,生活穷困不堪。甚至在富裕国家,也有很多人在贫困线以下挣扎。

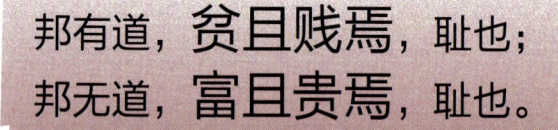

> 邦有道,贫且贱焉,耻也;
> 邦无道,富且贵焉,耻也。
>
> 孔子,春秋末期思想家、政治家、教育家,儒家创始人

超过10亿人口没有厕所可用。

不公平的世界

当代产业和经济系统为全球很多地区带来了繁荣的经济。技术的发展与提高进一步提升了生产力,而精细的管理则提供了经济持续发展的可能。发达的工业化国家能够提供自身需要的全部商品和服务,甚至更多。如果无法自行生产,发达国家也可以通过采购获得满足。在最富裕的国家,食品和其他商品供应已经充裕到浪费的程度。目前,全球的产出超过了以往所有时期,但仍有一半左右的人口无法享受现代生活的舒适性。这种不公平产生的原因有很多,但解决国际贫困问题的方法可以通过经济学手段来进行评判。

什么样的经济水平称为贫困?

谈到贫困,我们首先需要明确定义贫困的标准。穷和富是一对反义词,因为某个国家(例如挪威)的"穷"人在另一个国家或地区(例如布隆迪或者中非共和国)可能会变成"富"人。但是,很多国际组织,例如联合国和世界银行,确立了"绝对贫困"的概念——无法保证维持正常生活基本需求的状态。联合国在一份公告中定义了人类的最低基本需求——食物、干净水、环境卫生、健康医疗、住所、教育和信息。同时,该公告认定缺乏部分或全部上述生活必需要素即构成绝对贫困。

另一种定义贫困的方法是收入衡量法。例如,世界银行提出了定为2美元/天的国际"贫困线",即任何收入低于贫困线的人就被认定为贫困人口。然而,不同国家或地区的生活成本差异巨大,该定义并不能精确反映当地的贫困程度。所以,根据人们所拥有的来衡量是否贫困可能不算是一个好办法,通过衡量人们所缺乏的来评估贫困等级可能会更准确一些。

生活标准与不均

一切都是相关的

绝对贫困很少出现在发达国家，不过即使在最富裕的国家也有相对贫困的人口。相对贫困（区别于绝对贫困）是指人们无法负担其所在社区的正常生活标准的情况，即生活标准低于当地社会预期的基准水平。在富裕国家，相对贫困的问题可以由政府解决，例如为病患提供医疗福利、为失业者提供津贴及提供养老金等。此外，政府还可以为低工资工人提供金融福利，颁布法规来确保雇主支付最低工资。

在相对贫困的国家，政府可能无法获得足够的资源来帮助贫困居民，甚至有可能陷入"贫困困境"——举债来应对紧迫问题，然后变得一无所有，无法继续发展经济。结果贫困的局面将继续，并且还背负了偿还贷款的额外负担。

通过借款来……
……偿还债务……
结果是必须花费更多……
来偿还债务……
进而导致更多的……
……债务

另请参见：第104~105页、第112~113页

⬆ 债务螺旋

通常，摆脱贫困的难度很大。人们借钱维持生计，如果无法挣得足够的收入来偿还债务，就需要继续借贷，从而陷入循环，背上无法还清的巨额债务。

约翰·梅纳德·凯恩斯（1883—1946）

约翰·梅纳德·凯恩斯在英国剑桥出生，凭借创新的宏观经济学理论引发了经济学界的变革。第一次世界大战结束之后，他曾担任和平会议和英国政府的经济顾问。在20世纪30年代的经济大萧条期间，他解释了政府如何利用税收和监管的方法平顺经济波动及避免经济危机。

帮助发展中国家

援助通常针对紧迫的问题，对于经济发展作用很小。

用于基础设施、当代技术、维修和改革的资金。

挪威用于发展援助的资金达到了国民总收入的1.07%。

没有任何国家或地区愿意持续贫困。在大多数富裕国家，人们认为有责任帮助这些贫困国家，并通过慈善组织、政府及国际组织为发展中国家提供援助。

援助是否有效

富裕国家提供的外援资金旨在促进经济发展，但并非全部都用在了需要的地方。

分享财富

有些国家持续贫困，有的国家迅速走上了致富之路，造成这一局面的原因有很多。例如，有的国家富有自然资源，有的国家则发明了很多新技术。许多富裕国家都意识到了财富的来之不易，开始承担分享财富并促进贫困国家发展的责任。很多个人也积

贪污腐败

低效的产业

偿还债务

极投身慈善事业，为贫困人口提供食物和干净水。发达国家的政府通常会准备一定比例的税收收入用于提供外援，支持世界银行等国际组织，进而资助发展中国家的项目。很多企业也会向慈善机构捐赠，或者展开海外产业投资。

困难重重

但是，并非所有人都同意这种外援方式。有些观点错误地认为贫困源于当地居民的懒惰或者腐败，不值得帮助。还有观点指出，援助资金通常无法得到正确使用，不能送到真正需要的人手中，也很难发挥出促进发展和繁荣经济的作用。贫困国家

> **援助**可以系统性地缓解**贫困**……完全是神话中才能发生的事。
>
> 戴妙玉

或地区的居民同样明白，这些外援资金只是杯水车薪，远远不能解决贫困的根源。例如，慈善组织的大多数资金用于提供食物和衣服，或者购买药品和为贫困人口提供医疗援助——这只能解决紧迫需求，无法保证未来的发展。

援助资金有时会直接交给贫困国家或地区的政府，很难直接给到需要的人手中。因为贫困人口通常分散居住在交通不便的偏远地区，又或者政府管理不善、资金被其他项目挪用挤占。有的贫困国家会从世界银行等国际组织贷款，但贷款不足以建立稳定且稳步发展的经济，反而因为需要偿还贷款背负了长期的债务。

> "授人以鱼，不如授之以渔。"
> 授人以鱼只救一时之急，
> 授人以渔则可解一生之需。
>
> 佚名

成长壮大

帮助贫困国家发展独立的经济才是消除贫困的解决方案。除非能够建立起高效的产业和企业来满足自身需求，获得"造血"功能，否则贫困国家或地区无法脱离对外援的依赖。通过资助改善交通和通信等基础设施的具体项目、开展教育和技能培训、协助建立当代产业和小型企业，这样富裕国家才是提供了真正的帮助。与此同时，他们还可以扶持积极鼓励经济发展的政府，帮助解决贪腐和逃税漏税等不良风气，帮助贫困国家或地区实现经济独立，进而在全球市场与富裕国家进行贸易。

另请参见：第104~105页、第106~107页

全新的开始

因其微薄的收入根本不足以偿还巨额的债务，全球部分最贫困的国家掉入了"贫困陷阱"，形成了无法依靠援助资金填补的"黑洞"。因此，这些国家或地区要求债权国免除债务，以便为经济提供新的起点。

提供能源

能源是经济的命脉。但是有些国家和地区的能源供应不足,而且部分燃料的储量最终将不可避免地被耗尽。与此同时,能源的使用,例如燃烧化石燃料会增加大气的温室气体含量,还会导致全球变暖等气候变化。

能源安全

当代经济必须保证低成本能源供应。依赖进口石油有可能导致本国或本地区的经济容易受到海外战争和社会动荡的冲击,同时还要面临着一些新兴经济体的竞争。要保证能源安全,短期内仍然需要以采购和确保稳定供应为主,但发展新能源或者可再生能源以实现自给自足才是根本的解决方法。

化石燃料

煤炭、石油、天然气等都属于化石燃料,是掩埋在地下的生物残骸演变的结果。化石燃料满足了全球超过80%的能源需求。这些资源大多储藏在中东等不稳定地区,所以有些国家目前正在积极发展焦油砂和油页岩等其他更难提炼但储量更丰富的石油资源。即使如此,石油储藏也有可能在未来50年内枯竭。

保证稳定的能源供应
确保能源安全是全球很多国家和地区的首要任务。与此同时,在化石燃料耗尽前寻找替代能源同样重要。

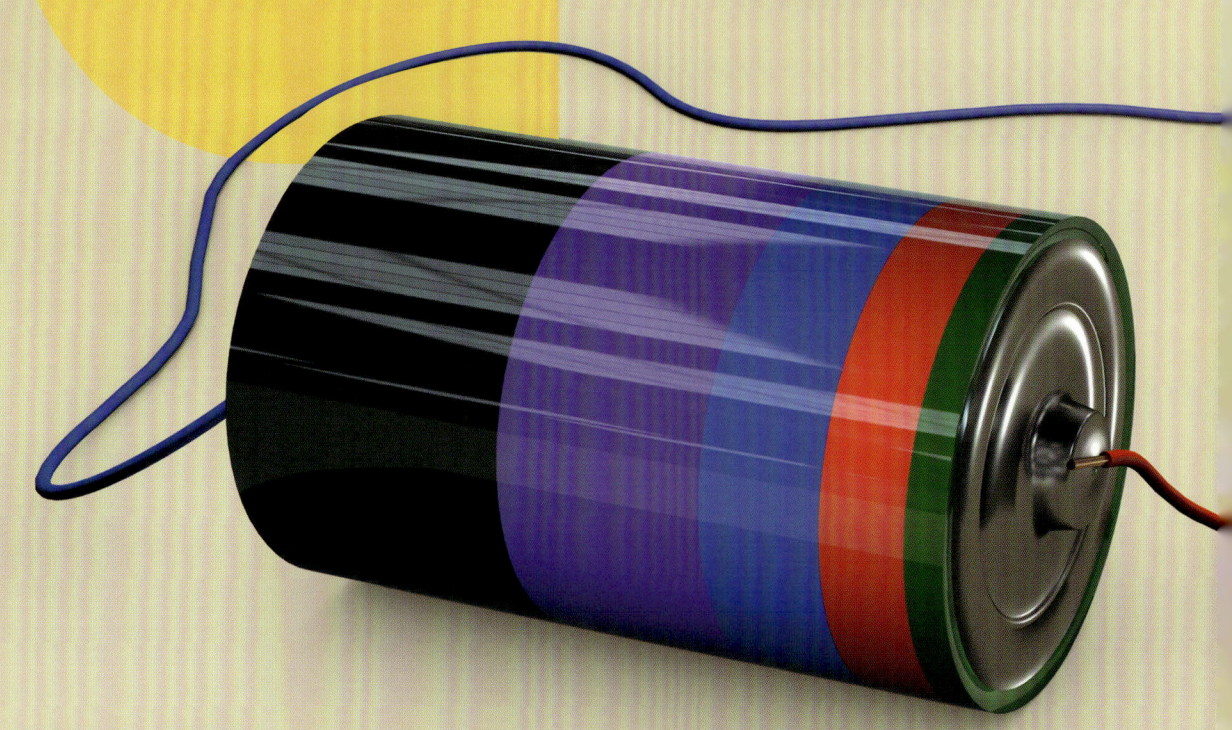

生活标准与不均

可再生能源与可持续发展

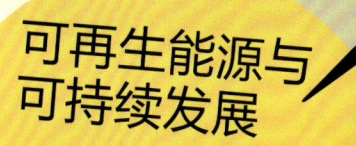

可再生能源表示取之不尽用之不竭或者能够持续再生的能源。使用化石燃料与全球变暖之间的关系催生了开发"可持续发展"能源的迫切需求，即能够长期使用且不会破坏环境的能源。水力、风力和太阳能就是其中的主要代表。

> "我们需要寻找一条全新的**可持续发展道路**，以确保我们的未来。我们需要发动一场**清洁**工业革命。"
>
> 潘基文

减少消费

燃烧化石燃料会破坏地球环境，因此很多专家认为必须控制和减少消费量。在2015年的巴黎国际气候变化大会上，与会国家和地区承诺减少化石燃料的用量，以便将全球升温速度控制在"2℃以下"。众多发达国家承诺将能源行业的碳排放量削减一半。

过去50年中，全球能源消费量增加了两倍——其中化石燃料增幅最大。

偿付时刻

另请参见：第106~107页、第108~109页

银行最重要的功能是提供贷款，以便帮助借款人、企业甚至国家或地区购买当前需要的物品，解决他们资金不足的问题。但是，银行并非慈善家，它们也是企业，也需要追求利润。因此，借款人偿还的金额必须高于其借款额，也就是说他们必须在偿还本金的同时支付利息。

借贷业务

几乎所有人都有在某个时刻借款的需求，数额可能很小，例如忘记带钱包时向朋友借了几块钱买早餐。当然，你会承诺还钱，也许第二天就还。这是因为相互了解并且彼此信赖，你的朋友知道你会还钱。但如果数额较大，借款人通常会选择银行，而为了能够保证最终还款，银行希望对借款人有一定的了解。例如，如果借款人为个人，银行将询问借款人的职业和收入；如果借款人为企业，银行将查询其当前的运营状况并了解其对未来的规划。确定借款人有能力偿还借款

> 贷方通常根据由中央银行设定的基本利率计算利率。

后，银行将签署协议，规定贷款的条件，例如偿还时间，是分期还款还是一次性偿还。与朋友之间的小额借款不同，银行贷款并非出于友谊，而是为了获得利润。通常，银行会收取贷款利息，即在原始贷款额的基础上添加被称为"利率"的一个百分比。

银行可能同意向企业借贷如1万英镑，贷款期限5年，利率为每年10%，而企业将每月分期偿还。银行将针对剩余的贷款额继续收取利息，最终在收回本金的同时获得利润，而企业则可以得到一次性付款和拉长的还款时间。

感觉安全

有时候，生活难免不如意。借款人可能失去了工作，或者企业的商品滞销，导致他们无法偿还借款。如果借款人违约，也就是说他没有按照贷款协议的约定还款，那么银行将面临损失。

为了保护自己避免违约损失，在发放大额贷款（例如房贷）之前，银行会要求借款人提供住房等资产作为贷款的担保。如果借款人违约，银行可以变卖

希腊债务危机

2008年全球金融风暴之后，希腊政府无力偿还巨额的外债。其他欧洲国家及国际货币基金组织（IMF），安排了数十亿欧元的"一揽子救援计划"，以尝试将希腊经济拖出泥潭，但最终依然无力防止希腊于2015年成为第一个国际货币基金组织贷款违约的国家。

生活标准与不均

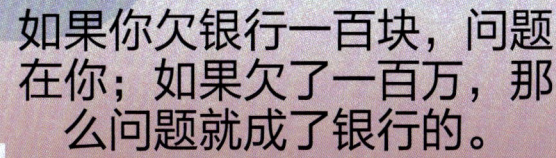

> 如果你欠银行一百块，问题在你；如果欠了一百万，那么问题就成了银行的。
>
> 约翰·梅纳德·凯恩斯

抵押资产来弥补其损失。大多数银行贷款都是抵押贷款，目的是保护放款人避免违约风险。如果借款人无法提供抵押品，银行可能也会同意贷款，但将收取更高的利息以补偿更高的风险。事实上，放款人可以冒更大的风险来获取更高的利润，例如提供无抵押贷款，或者向无法证明能够按时还款的个人或公司贷款。

结账

有时候，银行也会做出错误的决定，并为无法清偿的风险贷款展开赌博。很多银行都曾有过亏损的经历。除了向外贷款，银行也会吸纳存款。但是，如果银行倒闭，储户的存款也可能会面临风险。为避免这种情况，中央银行可能会动用公共资金援助濒临破产的银行。这似乎并不公平：一切顺利，银行可以获取利润；而若面临困难，银行却不必为错误付出代价。这种局面称为"道德危害"——正如美国经济学家保罗·克鲁格曼（Paul Krugman）所述："一个人决定冒多大的风险，而其他人则来承担决策错误的后果。"

要买一套属于自己的房子，大多数人都需要抵押贷款。

高昂的代价
人们可能需要一大笔贷款或者抵押贷款才能买一套房子。银行根据贷款人的收入制订按揭计划。如果无法按时偿还按揭贷款，房子将被出售，以支付银行的贷款。

人们必须偿还这些贷款……

以及利息

| 每月工资 | 偿还按揭 |

售出

另请参见：第134～135页

工资差距

> 在美国，收入额前10%的人占据全国总收入的一半以上。

自由市场系统已经发展了数个世纪，并且证明了其高效匹配商品和服务的供需关系的能力。但是，并非所有人都可以在自由市场获得均等的机会。竞争是自由市场的基本元素，因此难免会有胜利者和失败者。

另请参见：第56～57页，第64～65页

自由但并不平等

随着贸易和产业全球化程度的增加，我们经常会对比不同国家或地区的富裕程度及生活标准，使用的指标是人均GDP（参见第98～99页）。但是，这些数据并不能告诉我们这个国家或地区的财富分配方式。在很多最贫困的国家或地区，最富裕和最贫困阶层之间的差距令人瞠目，即使是发达国家也同样无法保证财富的平均分配。在自由市场，不平均几乎是不可避免的。有的经济学家认为这是市场系统存在的缺陷，并将导致社会的不平均。其他人则觉得这可能不一定是坏事，因为这可以奖励辛勤工作的人，鼓励他们提高生产力并积极

> 在这个世界上，**平等**地对待人们与试图让他们变得平等，这两者之间存在着巨大的**差异**。
> ——弗里德里希·哈耶克

展开创新。与很多经济理论一样，争论的双方都有一定的道理，而实际的解决办法通常是两种对立观点的融合与妥协。

差距不断拉大

自由市场不仅会创造不平均，而且也会加剧不平均。成功的企业可以利用利润不断地提升生产能力，增强竞争力。富人可以将手中的资金用于投资并继续积累财富，进一步拉大与资源缺乏阶层的差距。在很多富裕国家，贫富差距过大已经造成社会问题，有的政府实施了阶梯式税制，以增加高收入者的税收，并通过福利制度和最低工资等方式帮助低收入者。经济学家认为，国家和地区政府应当缩减贫富阶层之间的收入差距并且倡导平均，因为这样不仅可以帮助减少社会问题，而且有利于经济的稳定和发展。不过，美国和英国等国家的政府认为市场决定收入的方法对经济最有利。而且，美国和英国的贫富差距

米尔顿·弗里德曼 (1912—2006)

米尔顿·弗里德曼在美国纽约市布鲁克林出生，拥有经济学博士学位。他曾在纽约和华盛顿工作，并在芝加哥大学任教。作为20世纪后期最富影响力的经济学家，米尔顿·弗里德曼的经济学理论推崇低税收和无监管的市场，并且他曾担任两任美国总统——尼克松和里根的顾问。

生活标准与不均

有的高薪工作不仅提供数倍的工资，更重要的是还有额外的福利和奖金。

你价值几何
并非所有工作都能得到相同的酬劳。例如，银行家的收入远高于护士，尽管护士可能会挽救生命，因为银行家是自由市场中的财富创造者。

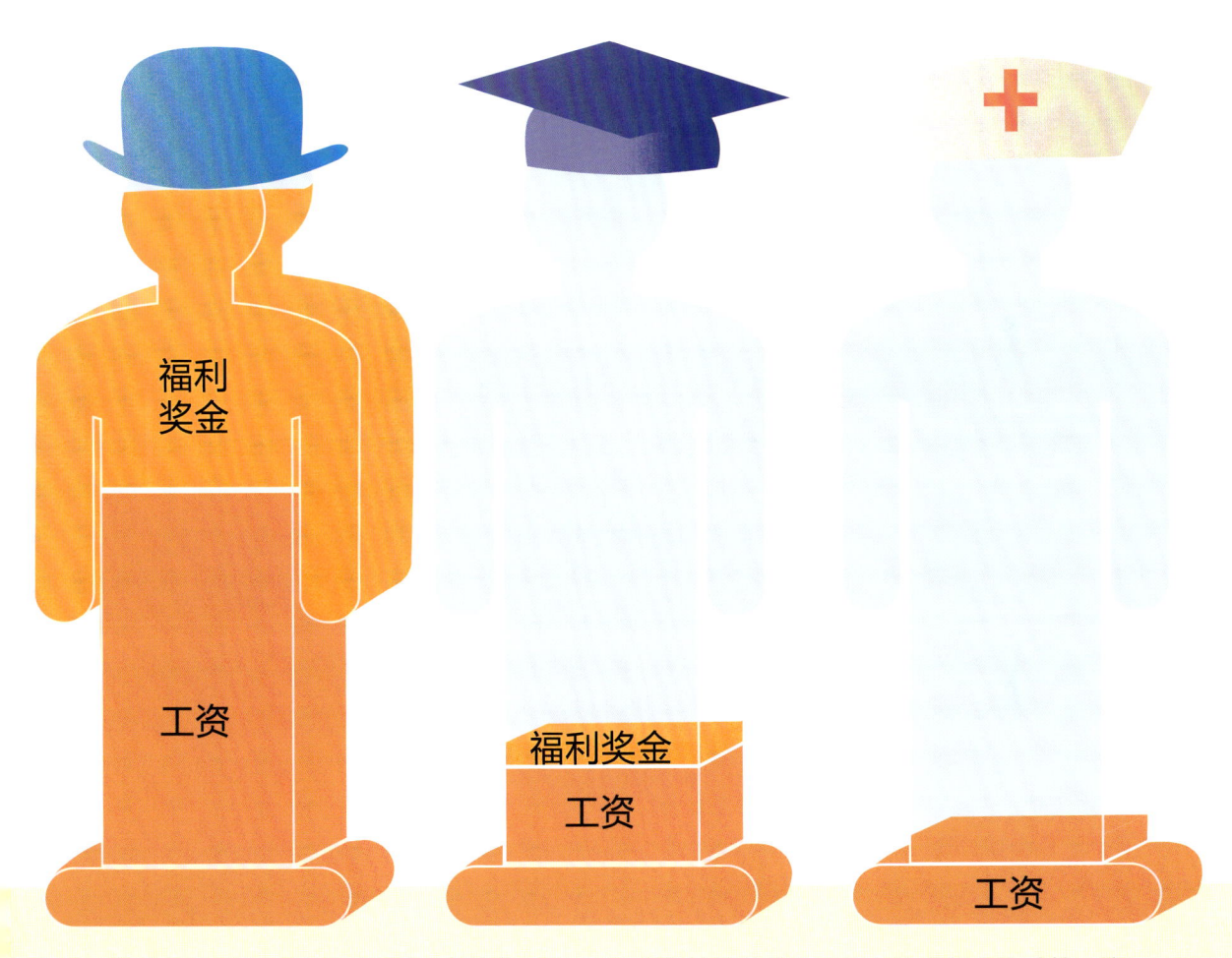

福利奖金
工资

福利奖金
工资

工资

超过了其他发达国家，甚至还在进一步扩大。

大型公司的高管可以获得远高于普通员工的收入，银行家能够获得大量的财富，而清洁工的生活可能相对贫困。这种不平均得到了"涓滴效应"理论的支持：银行家和企业家应当获得最多的奖励，因为他们创造了对我们所有人有利的财富。

为所有人提供机会
自由市场的支持者称，与其努力地保证所有人获得均等的收入，不如改善社会流动性，这样可以使人们更容易地提高社会地位，挣得与能力相匹配的收入。要实现目标，每个人，无论其背景、性别或种族如何，都应该获得平等的机会，包括平等的教育和工作机会。尽管财富分配不均的局面不会就此出现根本性改变，但为所有人提供均等机会的决心代表了社会的进步。

另请参见：第126~127页

金钱能否买来幸福

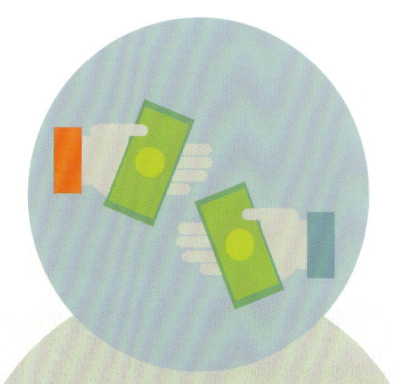

生活
标准与不均

借贷的成本

大多数人都会通过借贷解决资金危机，然后连本带利地偿还借款。但是，对资金需求最迫切的低收入者却无法保证偿还贷款的能力，因此他们必须付出更高的成本来获得贷款。迫于无奈，低收入者有时候会求助非法放款人——高利贷者，但结果通常是高得离谱的利息和无法承受的负担。

巨无霸指数

比较不同国家或地区的生活成本很难，因为不同货币的购买力差异巨大。不过，英国《经济学家》（*Economist*）杂志的"巨无霸指数"解决了这个难题——使用全球范围内非常普遍的一种商品麦当劳的巨无霸汉堡。该指数通过比较不同国家或地区的售价来反映当地的生活成本。

付出代价

物美价廉是买家普遍的追求，商品的来源却不是他们关注的重点。但是，消费者现在已经意识到了时装和运动装售价低廉是因为这些服装来自使用强迫劳动和童工的血汗工厂。现在，消费者愿意为了抵制此类剥削而购买更贵一些的衣服。

没有前途的工作

壮大的服务产业创造了大量的工作岗位，但很多职位的工资极低，例如商店、呼叫中心或者快餐店。这些工作缺乏上升空间并且没有保障，通常被认为是没有前途的临时性工作，无法作为一生的事业。

生活标准与不均

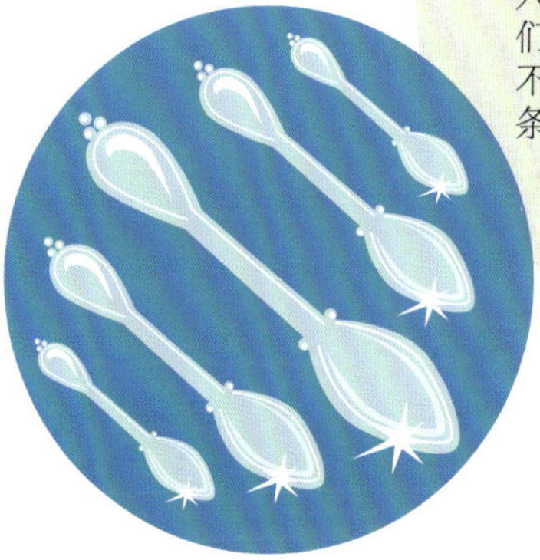

那不公平

有的家庭享有更多的特权，那些"带着金钥匙"出生的人从一开始就拥有巨大的经济优势，而优质的关系网和雄厚的资金能够帮助他们轻松获得更好的工作及更高的收入。这似乎是不公平的，但剥夺他们的优势就代表公平吗？难道家庭不应当尽可能地为孩子创造最好的条件吗？

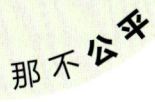

生活标准

全球不同的国家或地区，甚至在同一个国家中，生活标准都不会完全相同。发达国家的生活标准通常较高，有的国家则因为庞大的人口数量和相对严重的不平均拉低了生活标准。还有一些小国家，例如文莱，则因为丰富的石油等资源，为大多数人口提供了较高的生活标准。

随着技术的进步、经济的发展和市场规模的扩大，全球大多数地区都获得了空前的财富，但并不是所有人都能够平分这些财富。在很多国家和地区，大部分人口仍然处于贫困状态，甚至发达国家的贫富差距也在继续扩大。

慈善事业

全球有数十亿贫困人口，同样也有少数亿万富翁。很多超级富豪认为他们有责任进行慈善活动，用自己的财富支持慈善事业，这么看来，这些富豪似乎很慷慨。但慈善活动通常只占他们财富的很少一部分，并且很难发挥最大的效用，即用到最需要的地方去。

急救

由于大众传媒的出现，人们现在能够了解到全球各个角落的贫困人口，并愿意提供帮助。很多人通过慈善组织贡献自己的力量，特别是听到或看到发生自然灾害的报道之后。邦迪创可贴音乐会等慈善活动可以筹集大量的资金，但相比持续的需求，这些只能算是杯水车薪。

你的口袋里有
什么

求得平衡

谋生之道

安全的藏金之所

你是否真的需要

看好每一分钱

花明天的钱

请选择支付方式

旅行资金

未雨绸缪

制订计划

管理你的个人财务,实施家庭预算并管理你的资金,这与运营一家公司所应用的经济学原理并无二致。花费多少、购买什么以及从哪里采购都属于经济决定。关于工作选择、闲暇爱好及未来计划的决定也同样如此。

求得平衡

为了购买我们需要和想要的物品，我们必须有钱。大多数人都需要通过工作来挣钱。为了在我们必须做的事情与我们想做的事情之间求得平衡，我们必须做出一些决定，例如做什么样的工作、花多少时间工作等。

> 我**生命**中最大的**爱好**完全不需要花费任何**金钱**。很显然，**时间**是我们所有人都有的**最宝贵资源**。
>
> 史蒂夫·乔布斯，苹果公司创始人之一

只工作，不娱乐……

关于工作的决定显然属于经济决定。我们的时间是一种宝贵的资源，可以用来做很多事情，例如吃饭和睡眠等维持生命所必需的活动。剩余的时间——约占生命的2/3——可以用来工作或者休闲，以保证生活得充实且幸福。取得平衡十分重要。对很多在贫困国家或地区生活的人来说，他们面临的选择十分有限。他们必须长时间地劳动才能获得微薄的收入，进而换取生活必需品，这意味着他们没有时间也没有资金来休闲。在发达国家，大多数人都可以选择自己的生活方式及找到适合自己的工作与生活的平衡。

这是否值得

当然，选择什么样的工作取决于我们能够获得的收入，以及这项工作能否支持我们购买需要和想要的一切。但是，工作会占据我们很大一部分时间。实现我们想要的工作与生活平衡是经济学家所谓的"机会成本"（参见第41页）的一个实例，这意味着我们需要以准备放弃的物品来衡量我们想要的物品的价值。工作的收入对我们十分重要，休闲时光同样如此。如果工作时间延长，我们可能获得更多收入，但代价是休闲时间的减少。

事业……

个人财务

反之，如果我们选择花更多的时间用来享受休闲活动，我们挣钱的时间和机会将减少。

时间和机会

时间并不是我们手中唯一的资源。影响我们选择的其他因素还有很多，例如教育背景、技能和经验等。这些因素也会反过来影响我们的机会。我们可以决定学习新技能来提高自身的能力，做好准备申请新的工作，从而收获更高的收入。同样，这仍然需要我们努力在这两者中寻求一个平衡——一个是必须额外付出的努力，另一个是梦想获得的生活方式，例如更大的房子和车子，或者更多的闲暇时间来享受运动或追求自己的爱好。

一切由你做主

面对事业的抉择，我们必须考虑很多因素。有的人为了工作而活，有的人为了生活去工作。比如有人正为了成为一位医生或律师而努力，而另一些人则认为工作只是挣钱的一种方式，是获得我们所需所想的必要手段。有一些人享受他们的工作并且愿意在工作中投入大量的时间和精力；而更多的人将工作视为必需而又无法逃避的"苦役"，并且时刻幻想着一场"大逃亡"。但最终选择从事哪种工作，包括我们可以挣得的收入和需要花费的时间是一个经济学的选择。要实现理想的生活，我们需要利用自身的资源来获得我们需要的物资，并保证享受的时间。我们必须为选择的生活方式提供资金保障（收入）。

工作还是学习

选择是否进入大学也会涉及机会成本。进入大学，你需要花至少3年时间来学习（通常没有收入，还需要缴纳费用）；不进大学，你可以工作并获得收入。但另一方面，获得大学文凭有可能为你提供更好的工作机会，以及从长远来看更高的收入。

在发达国家，专职员工的平均工作时间占总时间的40%左右。

哪个更重要？ …… 生活方式

⬆ 工作与生活的平衡
我们需要工作来购买生活所需，但保证足够的休息时间来享受生活同样重要，也就是说我们必须在工作与生活之间求得平衡。

另请参见：第56~57页、第126~127页

谋生之道

从出生开始就拥有足够的财富，甚至工作都是一种需要而非必须，这是很多人的梦想，但只有极少数人能够真的实现这个梦想。从某个角度来说，几乎所有人都必须考虑如何谋生。与选择最适合自己的工作一样，我们必须作出决定：寻找一份工作，还是自己创业。

> 称心的**工作**会让人**获得**由衷的喜悦。
>
> 荷马，古希腊作家

失业

找一份工作并不总是那么容易的，找一份称心的工作更是如此。你可能必须面对职位供不应求和多人竞争的局面，甚至有可能因为公司的经营不善而丢掉到手的工作。失业总是会带来很多的难题，但大多数政府都施行了帮助失业者支付生活费用和寻找新工作的机制。

自食其力

一个人长大和完成学业之后，他们需要获得经济独立，依靠自己的努力购买所需所想。理想的状况是，他们将获得喜欢的工作，施展自己的技能和知识。但是，挣钱可能才是参加工作的最主要的原因。

对大多数人来说，经济独立意味着寻找工作，然后付出劳动并获得回报。雇主通常会在出现职位空缺时，发布招聘广告，然后吸纳新员工。求职者可以通过广告了解工作是否适合自己，并得知工资报酬。雇主可能会以不同的方式提供报酬，例如时薪或日薪，这意味着你的报酬将与工作时间直接挂钩。或者，雇主也可能会提供固定金额的年薪。

个人财务

> 工作是……人类尊严的基石，是我们作为一个有用、独立且自由的人感受自我价值的最重要的手段。
> 比尔·克林顿，美国前总统

攀爬职业阶梯
在整个职业生涯中，通过不断地积累知识和技能，人们可以得到晋升并攀上职业阶梯的高点。

广阔的发展前景

工资或者报酬并不是一份工作能够提供的全部。当然，每个人都希望获得丰厚的收入，但有些人——特别是年轻人——也会接受相对较低的工资，期望获得学习新技能和增加工作经验的机会。对于大多数人来说，他们的第一份工作都无法获得理想的薪酬，很多人是从学徒甚至没有报酬的实习生开启自己的职业生涯的，然后实现职业道路的逐步升级。因此，找工作时，晋升机会或者广阔的未来发展前景也是影响工作选择的重要因素。

> 2014年，欧盟工作年龄男性的雇佣率为70%，而工作年龄女性的雇佣率为60%。

一份工作，但这份工作没有报酬。现在，随着越来越多的女性外出工作，共同做家务或者花钱雇人来做家务已成为新选择。

平衡家庭与工作需求的一个方法是兼职工作。兼职工作为妈妈们提供了一个选择，让她们有时间照顾孩子。兼职工作甚至也得到了很多男性的认可。有的雇主提出了"共享工作"的概念，即一份工作交给两个人或更多的人来完成。每天少工作几个小时或者每周少工作几天，以增加家庭或其他兴趣爱好的时间。当然，减少工作时间意味着收入的下降，这可能并非一个适合所有人的选择。

工作与家庭

以往，男人是一家之主和"顶梁柱"，负责整个家庭的收入。在很多国家，女性被要求待在家中，完成"女人的工作"，例如，洗衣服、做饭和带孩子等。现在，特别是富裕的发达国家，多数女性已开始外出工作，甚至在此前男性独霸的领域崭露头角。经济学家意识到，从事家务劳动的女性确实也在从事

自己做老板

除了为人打工，自己创业或者与他人合作创业也是一种工作选择。为自己打工有很多好处，例如根据自己的利益作出决定及享受经营带来的利润。但是，自负盈亏将难免会承担巨大的压力，这可能意味着长时间的劳作及无法保证的收入。

另请参见：第56~57页、第124~125页

安全的藏金之所

无论是打工还是自己当老板，工作之后你将获得收入，如何处理劳动所得将成为必须考虑的问题。如果所得为现金，你可以将其装入口袋随身携带，或者藏在床垫下面。当然，存入银行是一个更安全的做法，而且还有其他好处。银行账户能够具有我们需要的灵活性，在必要时提供信贷，帮助我们增加拥有的货币数量。

> 如果你想要发家**致富**，
> **节流**与开源必须并重。
>
> 本杰明·富兰克林

安全有保障

寻找一个安全的藏金之所，这可能是人们在决定开设银行账户时首先考虑的因素，即固定存放到一个安全有保障的地点。不过，当代银行已经显著减少了现金的持有量，银行账户中的金额变成了计算机程序中的数字。即使如此，银行账户的安全性也远高于自己持有现金。便利是人们设立银行账户最主要的原因。尽管依然有人选择在周末或月末使用现金或支票的方式发放工资，但直接向员工的银行账户转账的方式已成为主流。有的小公司可能还没有摆脱使用现金支付商品或服务的习惯，但借记卡或信用卡甚至电子支付方式已经越来越流行。所以，对于大多数参加工作的人来说，设立一个银行账户很重要。

便捷的服务

除了提供安全的储蓄功能，银行还可以通过多种方式处理你的支出，帮助你完成支付：你可以通过银行柜台或者ATM（自动取款机）提取现金，也可以使用银行卡刷卡或通过手机等在线方式付款。并且，你也可以要求银行直接从你的银行账户中扣款，以定期支付房租或偿还贷款。为了帮助你跟踪账户的交易记录（包括支出和收入），大多数银行都提供在线银行服务，以便你查看账户余额，高效地管理你的资金。

借贷也是银行的一项重要功能，它可以满足客户的不时之需，例如，意外支出或者大额采购。借贷也可以通过多种方式提供：透支，即允许你的花费超出账户余额，但银行将收取一定的费用；贷

财务建议

银行提供多种储蓄和投资方式，并且可以帮助你确定最适合你的选择。当然，银行希望你成为它的储蓄客户，而不是其他银行的。所以，独立的财务顾问才是最佳的选择，这样你就可以对比不同银行的所有可选服务，然后根据专业建议作出最终的选择。

个人财务

所得收入可以做些什么?

投资
把收入转变为投资,以追求更高的利润。投资对象可以是自己的公司,也可以是其他公司的股票。但是有一点必须谨记:那就是投资有风险。

储蓄
向储蓄账户定期存入资金意味着你可以增加拥有的资金数量,为未来奠定基础。

消费
保留一定量的资金十分必要,这样你就可以方便地购买需要的商品或服务,或把握低价的机会。

余钱
如果注意节省,你在完成所有必要支付后可能略有结余。你可以自行选择余钱的用途,例如投资、储蓄或者消费。

款,你必须在偿还本金的同时支付利息,但允许分期还款。

合理利用结余

如果你的收入能够在满足日常必需之后还有剩余,那么你需要考虑如何最大限度地发挥这些结余的作用。你可以选择消费,把渴望已久的物品作为奖励送给自己;也可以将其存入银行以备后需。如果你选择了为未来储蓄,那么简单地使用一个银行账户显然是不够的。大多数银行都提供储蓄账户,可以让储户享受高于普通账户的利率,但条件是在固定的时间内不得动用这笔资金(定期储蓄)。将钱放入储蓄账户不仅可以保障资金的安全,而且可

以保证资金数额的缓慢增长。或者你可以选择投资,例如购买公司股票(参见第100~101页)或者交给代理客户买卖股票和其他金融产品的投资基金。投资可能带来远高于储蓄的回报,但风险同样较大,所以在做出决定前最好听听财务顾问的建议。

另请参见: 第102~103页、第142~143页

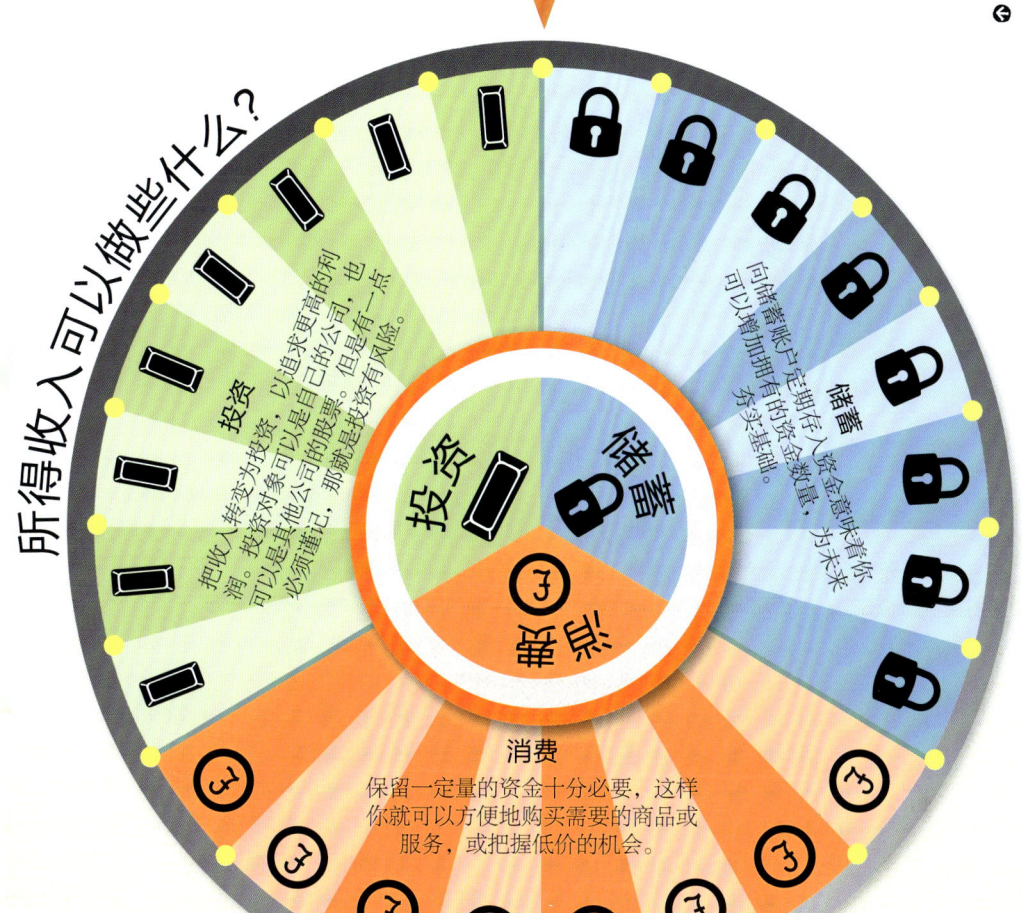

> **投资知识,你将收获最大的回报。**
>
> 本杰明·富兰克林

你是否**真的**需要

拿到收入之后（尤其是第一笔收入），我们踌躇满志，常常会迫不及待地抱回期待已久的物品。然而，我们需要作出分辨，分清轻重缓急：有些是必需的，例如食物和房租；而有些则不那么重要。要确保量入为出，避免入不敷出的困境，你必须保持清醒，谨慎对待每一笔支出。

> 年收入20英镑，年支出19英镑19先令6便士，你能得到幸福；年收入20英镑，年支出20英镑6便士，结果将是痛苦。
>
> 查尔斯·狄更斯，《大卫·科波菲尔》的作者

月固定的金额。然后你需要列出支出项目，以及各自的费用。必要支出必须位于支出列表的前列，例如房租、食物、燃气费、电费和水费等。这些费用有的是每个月固定的常规支出，有的则会随季节变化而有所区别。此外，还有一些必要但金额相对较小的支出，例如电话费、公共交通费用和保险费等。最后是并不十分必要但能够带来幸福感或改善生活的支出，例如兴趣爱好和休闲活动花费，包括运动、音乐、书籍和看电影等。

入账和出账

要确保量入为出，制订预算是一个好方法：记录哪些是必要的支出及入账。你可以用专门的账本记录，也可以使用计算机电子表格。无论使用哪种方法，基本理念都是相同的：用你的收入——每月的工资来对比你的支出——每月的花费。

需要和想要

如果你拥有工作和固定的收入，你就可以确定你的预算金额，这将是每

➲ 购物清单

如果你有意地克制日常支出，并遵守制定的优先级列表，那么你就可以不时地奖励自己，为自己购买想要但并不那么需要的商品或服务。

你想要的……

个人财务

没有哪里比得上家

对大多数人来说，住所可能是最大的常规开支。选择与朋友合租、独立租住还是通过按揭贷款购买自己的住房，这是一个需要根据收入作出的决定。而每个月需要支付的房租或按揭贷款显然是影响预算的一个重要砝码。

作出取舍

在列出所有支出项之后，计算得出总支出额，然后与收入比对。如果支出高于收入，则要平衡预算，你必须削减部分支出项或支出金额，或者寻找增加收入的方法，例如延长工作时间或更换高薪工作。通常，削减开支比增加收入更容易实现。在列出的所有支出项中，根据其优先级（必要性）排列顺序，选出取消或推迟后影响较小的开支，从而减少支出，确保预算平衡。开支列表最前列的项目属于必要开支，属于不可或缺的物品或服务。不过，此类项目也有操作的空间，例如，短途时以步行取代乘坐公交，减少不必要的用电（注意随手关灯、不使用时拔出插销等，保证安全并减少耗电）等。但是，开支列表中最应当扣减也是最容易管理的项目是那些锦上添花的项目，特别是奖励自己的物品，例如最新款的游戏机或时装。

保留娱乐的预算

通过询问自己是否真的需要，我们可以削减开支，制订量入为出的预算，甚至有可能保留部分结余来作为未来的储蓄。但是，这并不意味着我们必须放弃享受生活的机会。我们可以在预算中添加"娱乐资金"，以便支付聚会、俱乐部会员或度假的费用。或者，你可以把自己想要的东西列一份心愿清单，抑制消费的冲动，然后在行有余力时奖励自己，或者也许最终你发现你也不是很需要它们。

你需要的……

另请参见：第132~133页、第144~145页

尽可能将支出限制在收入的90%以下，最好保留至少10%的收入以备不时之需。

看好每一分钱

没有人愿意当冤大头，增加不必要或者不应该的支出，在预算紧张时尤其如此。在削减"奢侈品"消费以努力降低开支的同时，我们还有很多必须购买的物品。不过，只需要简单的思考和规划，我们同样可以削减必需品的开支。

> **小额支出**同样不容忽视，因为小不忍则乱大谋，千里之堤可能毁于蚁穴。
>
> 本杰明·富兰克林

否存在浪费。然而，只要稍加注意并且提前规划，我们就可以减少开支。我们有很多方式来减少消耗，比如在不用电器时切断电器的电源，在冬天或在夏天略微调低或调高空调的温度。

> 在发达国家，每年每人浪费的食物高达100千克（220磅）左右。

让储蓄成为日常习惯

如果查看支出，观察你的开支清单或记录，你将发现一些无法避免的固定开支项目，例如房租或偿还贷款。但预算中有些小额开支可能会不时发生变化，有的项目出现的频率可能较低，例如衣服或家具，但大多数项目属于日常生活开支，例如食物、交通和水电等公共设施费用。日常生活开支是我们关注的重点，尽管节省的金额可能十分有限，但积沙可以成塔，长时间的坚持将带来丰厚的回报。我们在购买和使用物品的时候很少考虑其成本，也没有想过寻找更便宜的替代品，或者我们是

轻松的生活

很多时候，我们的支出只是为了获得便利，让生活变得更轻松。例如，购买新鲜的食材，然后自己加工，显然比购买外卖或者快餐更经济。驾驶私家车显然比乘坐公共交通工具更便利，但成本更高。最新款的智能手机可能看起来很酷，但它真的会比你的旧手机更好用吗？

打包优惠 ➡

购买一袋子苹果，而不是一个，你可能有机会讨价还价并获得优惠，但前提是你能够在这些苹果坏掉前吃光。

小小的改变，省一大笔钱

我们不必为了省钱而改变生活方式。在日常采购中，我们有必要提前进行规划、选购经济包装，而不是随用随买。多留意特惠促销信息也是十分值得的。此外，在购买时考虑我们的实际需求量也同样重要，因为我们需要确保在保质期结束前消费所有物品，避免浪费。抛弃没有食用的食物等同于资金的浪费，浪费在全球消费支出中占据很高的比例。因此，我们必须在讨价还价时保持清醒。天上掉下来的通常不是馅饼，而是陷阱。特别是购买衣服、家具或电器时，我们要相信"一分价钱一分货"，用更高的价格来换取更长久的寿命。

花些时间来货比三家，对比价格和质量。最重要的是，尽量不要冲动购物，以避免事后后悔！将你需要的和想要的列一个清单，然后严格遵守你的计划。你在每日购买中省下的一两分小钱也许可以帮你平衡预算，或者帮助你达成愿望。

管好你的钱包

有一句俗语是："管好小钱，大钱自不必操心。"但其实我们在大额支出时同样容不得大意，否则我们辛苦省下的"小钱"将被浪费，例如购买根本没有时间使用但价格高昂的健身卡。

消费者保护

很多国家和地区都发布了保护消费者的法律法规，以避免消费者在购买商品和服务时遭遇欺诈。这些法规可以防止卖家误导消费者。例如，使用虚假广告宣传、欺骗性促销或让产品看起来数量很多实际却不足量的欺骗性包装等。

有时候，便宜货其实并不便宜。

另请参见：第128~129页、第130~131页

花明天的钱

预算管理其实就是量入为出，避免开支超出我们的承受范围。然而有时候我们难免遇到需要某个物品但资金不足的情况，此时我们可以选择贷款来支付所有货款，然后在指定的时间段内偿还贷款，分摊成本和压力。

攒钱

当然，始终保持收支平衡是一个明智的选择。但有些事物可能需要大额开支，甚至可能远高于你在银行的存款，例如购买私家车或出国度假。此时，你可以选择推迟消费，然后慢慢攒钱，直到能够承担这些花费。然而，你也可能会面临其他更紧急的需求，例如房屋维修。这会导致我们的攒钱计划一拖再拖，而能满足我们消费需求的方法之一就是贷款。

家，甜蜜的家

在开始获得收入之前，年轻人经常会面临更多的大额支出。因此他们中很多人会选择利用助学贷款来完成学业，然后在工作后偿还贷款；其他人可能借助贷款来创业，将经营利润用于偿还贷款。对

租购/分期付款购买

高价物品销售公司，例如汽车经销商，经常会向其客户提供信贷，促使客户购买他们想要的商品，然后通过还款计划分摊成本。

于大多数人来说，住房通常是其一生最大金额的支出，并且极少数人能够全额支付购房款。购买住房的贷款又称为按揭贷款，银行一般会设定相对较低的按揭贷款利率，因为住房是银行的抵押品。如果借款人无法偿还贷款，住房将被收走。

信用评级

在发放贷款之前，银行会核查借款人的偿还能力。通常，银行会要求信用评级机构评估借款人的财务记录。信用评级主要看借款人的收入和财产，也会参考其信用记录，即以往的贷款偿还状况。

个人财务

> 每次借钱，你都是在抢劫未来的自己。
>
> 南森·W.莫里斯，美国作家

大额消费的付款期限可以延长至数月甚至数年……

据美国联邦储备委员会的统计，2015年美国家庭的信用卡债务平均为7 281美元。

高额利息的负担

借贷的好处在于你可以直接拥有需要或想要的物品，但代价是你必须在未来一段时间内承担定期偿还债务的成本和压力。借贷最大的负担在于放款人（通常为银行）将收取贷款利息，这意味着你最终偿还的金额会高于贷款金额，你甚至需要偿还两倍以上的本金。高额利息产生的原因在于长达数年的还款期限，而利率按年计算。放款人计收利息时计算的不是最初的贷款金额，而是每年的剩余贷款本金加上本金产生的利息。除了用于住房等大额消费的贷款，银行还会提供其他贷款方式，例如，当遇到意外开支——汽车抛锚又无法立即负担维修费用时，你可以选择透支。透支意味着银行允许你的支出高于账户余额（透支额最高可以达到商定的金额），然后根据自身状况选择偿还方式。

银行卡时代

信贷消费也是常见的一种选择，例如，使用信用卡获得不容错失的优惠，或者预订假期的低价套餐。与其他形式的贷款一样，信用卡也可以推迟还款日期，但同样存在问题。例如，如果你没有及时足额还款，剩余的欠款将被征收高额的利息，欠款会不断增长。无论你使用了哪种形式的贷款，制订定期还款预算和计划都十分重要，因为你必须努力避免债务越积越高，进而陷入债务危机。

另请参见：第138~139页

按工论酬

在自由市场,人们的薪酬取决于供需关系。例如,律师可能因为从业人员的数量稀少而获得高报酬;由于技能要求低,加上销售咖啡的利润较少,咖啡店的服务人员只能获得微薄的薪水。当然,在现实生活中并不会如此简单明了。

工资奴隶

缺乏技能的体力劳动者通常处于工资等级的底层,加上人数众多并且很容易被取代,他们几乎没有讨价还价的能力。为了保持竞争力,企业通常会尽可能降低缺乏技能的体力劳动者的成本,并且寻求以机械或廉价外来务工人员取代当地劳动者的可能。由于缺乏技能,底层劳动者不得不接受短期合同和面对极不稳定的用工市场,这也意味着他们在用工需求低迷时将失业。

性别收入差距

理论上,男性和女性在竞聘同一份工作时应当具有同等的权益。实际上,女性的报酬经常要少得多,例如美国的性别收入差距达20%以上。尽管实行了大量的相关法规来消除这种收入差距,但效果有限。造成这一局面的原因有很多,但性别歧视可能是最明显也是最主要的原因。

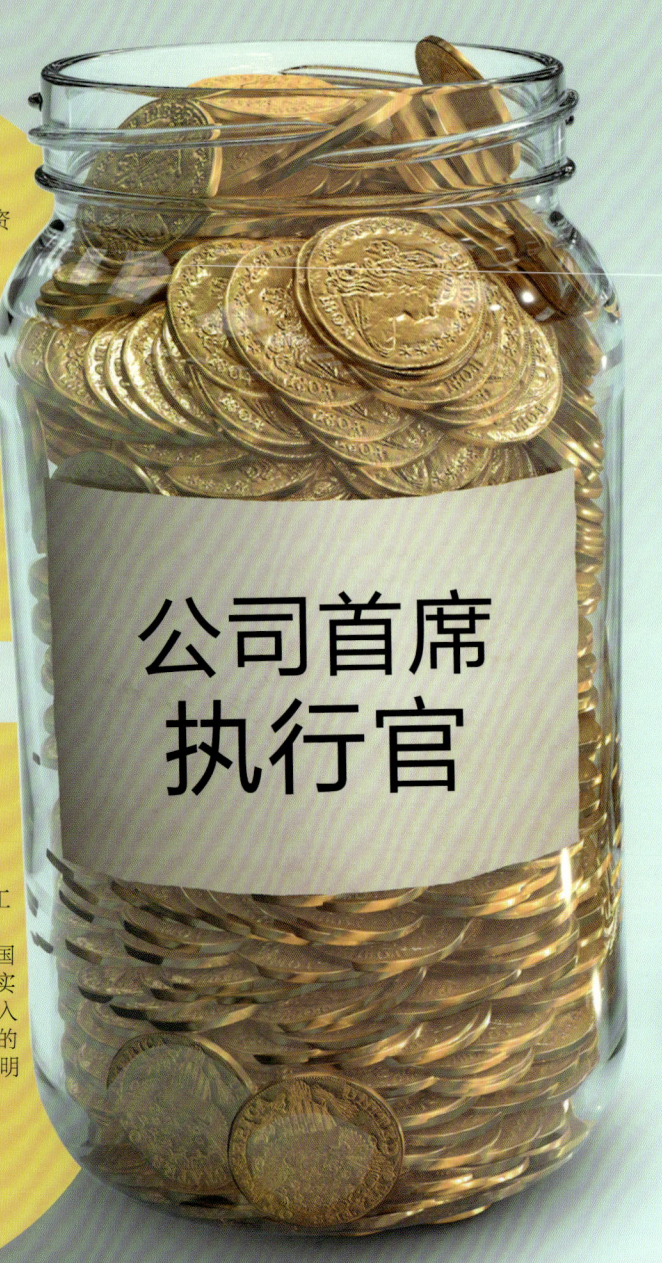

公司首席执行官

"相比站着工作的人,坐着工作的人通常可以获得更高的报酬。"

奥格登·纳什,美国诗人

高薪

以往,医生和测量技师等专业人员能够拿到高薪,因为长时间的培训和精湛的经验与技能限制了专业人员的数量。近年来,明星、企业高管和金融从业者凭借奖金和佣金成为了新的高薪人群。2015年,英国经纪人的平均年收入高达128 231英镑(184 086美元),高于主任医生的80 628英镑(115 717美元)。

英国百强企业首席执行官的收入是全职工人平均工资的183倍左右。

脏活累活

要支撑一个社会,总有人要从事远离人群的又脏又累甚至危险的工作,还要忍受恶劣的环境和长时间的劳作。一般来说,从事此类工作都是不得已而为之的,因为没有其他的选择。因此,最恶劣的工作条件有可能伴随着最低的薪酬。在很多发展中国家,甚至儿童也不得不在糟糕的工作环境中劳作,以换取可怜的收入,例如,严重缺乏安全防护、以提供廉价商品为主的血汗工厂。

↑ 工资差异
在发达国家,企业和银行高管可以获得丰厚的收入,专业人才通常也能够保证稳定的回报,但缺乏技能的工人则很容易受到经济波动的冲击。

你的口袋里有什么

▼ 信用卡
信用卡可以提供快速便捷的贷款方式，增强我们的购买力，但我们必须及时偿还贷款，以避免高额的费用。

▼ 借记卡
使用借记卡付款时，你的银行账户资金将直接转账到支付对象的账户上。

现在，使用银行卡甚至智能手机就可以完成大部分支付。

请选择支付方式

回顾历史，硬币和纸币等现金一直是人们惯用的购买商品和服务的工具。但是，随着电子时代的到来，新兴支付方式开始流行，例如借记卡和信用卡及电子转账。在21世纪，包括小额交易在内的无现金交易正在迅速成为主流。

> 钱是穷人的信用卡。
>
> 马歇尔·麦克卢汉，加拿大媒介理论家

现金

向无现金社会的过渡正在快速推进，但纸币和硬币的使用仍然十分广泛，在小额交易中更是如此，例如买报纸或者吃早餐。很多小微企业，特别是欠发达地区的小公司还没有配置相关设备，无法提供除现金以外的支付方式。所以，尽管现在外出时我们已经不需要携带大量的现金，但一点现金都不带或许会遇到尴尬的情景。如果你和大多数人的习惯一样，将资金都存入了银行，那么你可能需要时不时地前往银行或者使用自动取款机获取现金。

携带所有卡片

这些银行卡及其代表的技术推动了当今支付方式的变革。除了使用银行卡通过自动取款机提取现金之外，我们也可以直接刷卡付款、通过手机支付或在线订购商品和服务。

现在，全球的商店和企业都接受借记卡和信用卡支付，有的商店甚至发行了专门的信用卡，又称为专属卡，以用于享受专属优惠。现代的银行卡都是塑料材质，内嵌了磁条或电子芯片来存储可以被设备读取的信息。因此，使用银行卡支付有时候被称为"使用塑料片（using plastic）"。

另请参见：第12~13页、第22~23页

个人财务

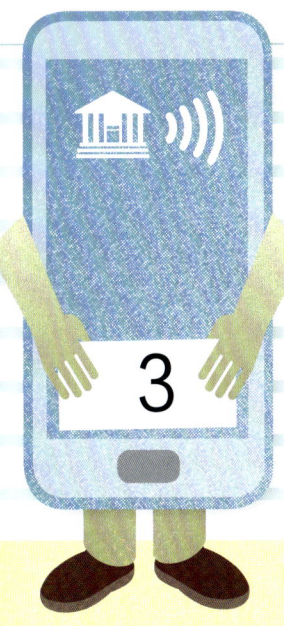

手机应用
银行应用程序可以提供类似借记卡或信用卡的功能，例如调用账户资金。但是，由于无须使用个人密码确认，所以出于安全考虑，此类应用程序的使用会受到限制，一般只能用于小额交易。

3

现金
现金仍是很多人喜欢的支付方式，特别是小额交易及不支持其他支付方式的小微企业。

4

在你输入个人密码确认交易后，设备将通知银行向商店的账户转账。使用借记卡时，银行将动用你账户中的资金来完成支付，因此你必须保证银行账户中的余额足以完成交易。信用卡则不同，因为信用卡可以利用银行贷款来促使交易完成，虽然最终需要持卡人偿还贷款。近期，新一代"智能卡"开始兴起，即内置电子芯片并且支持通过射频信号与终端设备进行无线通信的银行卡。这种智能卡支持极速的非接触刷卡支付——只需靠近终端设备而无须插入卡即可完成支付。与此同时，类似的技术已经应用于智能手机，因此手机也可以支持非接触交易，并取代银行卡。

在线支付
即使没有现金或者银行卡，你也可以通过其他方式支付。你可以通知银行以直接借记的方式从你的账户中扣款，以支付电话费和电费或设定定期付款来支付每月的房租。大多数银行目前都开通了在线银行服务，可以让账户所有人借助家用电脑、平板电脑或智能手机管理资金。使用安全的网站，你可以查看账户的余额，也可以通过转账完成付款（前提是你必须知道支付对象的银行账户信息）。

在线支付
互联网已经成为很多公司的重要运营平台（电子商务），其重要性甚至超过了实体店铺。现在，你能够在线订购几乎所有商品和服务，享受快递到家服务；你也可以使用借记卡或者信用卡支付这些商品和服务，或者使用第三方支付系统（例如国外的 **PayPal** 或国内的**支付宝**）通过电子转账的方式支付。

旅行资金

另请参见：第20~21页

出国前兑换货币需要花费一定的费用

如今，出国旅行已经司空见惯，并且越来越便捷，花费也不再是普通人无法承受的天价。定期出国度假、走亲访友或者进行商务洽谈对很多人来说已经习以为常，有的人甚至选择了在国外工作或学习。体验不同的文化令人惊奇而且非常值得，但兑换和使用其他货币的感觉有时候可能不那么友好。

> 目的地从来不是一个地点，
> 而是换一种方式看世界。
> 亨利·米勒，美国作家

假期资金

全球有将近200个国家，而且大多数都有自己的货币。仅有很少一部分国家，例如欧元区的19个欧洲国家，使用了统一的货币，因此出国旅行时兑换和使用不同的货币几乎是不可避免的。在有些地方，当地的商店和企业也会接受美元或欧元等世界主要货币。但在其他地方，你必须使用当地货币才能购买商品和获得服务。所以，你必须把货币兑换为出访国家或地区的货币。大多数银行和货币兑换点都提供货币兑换服务。不过，你无法保证等额的货币兑换，因为银行或货币兑换点将收取货币交易费用（依据兑换货币金额按比例收取）。

不同国家铸造的欧元硬币在外观上并不完全相同，但所有硬币都可以在欧元区通用。

个人财务

兑换成本

如果你有一部分英镑要兑换为外币，例如美元，官方的汇率为1英镑兑换1.50美元，但银行的出售汇率低于官方汇率，而购买汇率则高于官方汇率。例如，在实际兑换货币时，银行将以1.40美元的价格收购你的英镑，实际每磅挣10美分。在结束旅程返回之后，你可能需要将剩余的美元换回英镑，而银行提供的汇率为1.60美元兑换1英镑，比官方汇率多10美分。不同地区兑换货币的费用可能也有所区别，通常比例在5%～15%（或20%）。一般情况下，机场和旅游景点的兑换成本要高于银行和邮局。汇率是持续变化的，因此你可以提前计划，以便在本国货币升值时兑换外币，在贬值时卖出外币，从而达到省钱的目的。

利用你的银行卡

除了兑换当地货币的现金之外，你也可以利用你的银行卡。借记卡和信用卡在全球得到了广泛的认可，可以用来支付酒店和饭店费用或购买纪念品。如果使用借记卡，你需要提前在银行账户中存入一笔资金，以用于支付旅行费用。

不过，旅行时最好随身携带一部分现金，就像在家一样。虽然你可以使用借记卡或信用卡通过自动取款机提取现金，但这同样免不了货币兑换费用。每笔使用外币完成的交易，你的银行都可能会收取一定的费用，而费用与交易时或旅行期间的汇率相关联。并且，使用自动取款机提取当地货币现金时也需要向银行缴纳费用。

即使你没有出国，也可能面临货币兑换费用！例如，你通过互联网在线购买了其他国家或地区的商品，卖家要求以其所在国家或地区的货币支付，银行可能会因跨国交易而收取货币兑换费用。如果你经营一家公司，客户或供应商并不在本国，收款或付款时可能会涉及货币兑换，那么你必须将相关费用计入经营成本，并在价格中予以体现。

货币兑换点

除了支持货币兑换的银行和邮局，还有一些专门从事货币兑换的公司。这些货币兑换点通常开设在旅游区和城市的中心地带，以及机场和火车站附近。它们会通过显示屏和其他方式列出可以兑换的货币种类及其价格（以本地货币表示）。

未雨绸缪

从小开始，家长就教育我们不要大手大脚，要学会攒钱，以便将来购买自己想要的东西。成年之后，我们开始独立支付日常开销，然后发现我们成了"月光一族"，我们的收入几乎从来没有结余。但是，如果能够稍加规划、从点滴开始，我们也可以为未来攒下一笔资金。

安全的方式

相比花钱，攒钱是更聪明的做法。"至少要给未来保留一部分积蓄"，这是世界各地普遍传承的道理。定期积攒哪怕一点点，天长日久你也可以获得一笔数目可观的存款，然后用来购买你向往已久的物品，同时获得更高的满足感。储蓄的另一个重要作用是应对不时之需，例如维修或更换出现故障的计算机。我们都熟悉金猪外形的储蓄罐，这个形象通常代表着储蓄。不过，除了利用"储蓄罐"攒钱之外，还有很多其他更好的储蓄方式，特别是较大数额的储蓄。把钱存入银行能够提高安全系数，但更重要的是获得利息，让资金增长得更快。

> 另请参见：第128~129页

> **如果你想致富，开源和节流都不可少。**
> 本杰明·富兰克林

让钱生钱

银行账户分为很多类型，有些特别适合储蓄。这些储蓄账户通常提供更高的利息，意味着银行会定期增加账户的金额，通常按月或按年结算利息。例如，如果你因为亲戚给你礼金或者其他原因总计获得了100英镑，你可以把这笔钱存入专门的储蓄账户，获得每年10%的利息。一年后，你的资金将增加10%，达到110英镑。

● 初始投资
如果你要储蓄1000英镑，你可以将其存入储蓄账户，以获取利息，如1年期10%的年息。

● 1年后
你最初1000英镑的资金收获了10%的利息，即100英镑，账户的金额增加为1100英镑。那么，下一年你的账户将获得更高的利息收入，因为计算利息的资金将变为1100英镑。以此类推。

● 5年后
你的账户余额将逐年增长，并按照账户总金额计收利息，即包括此前的利息。5年时间，你的账户余额将变为1610.51英镑。

储蓄随时间增长……

个人财务

> **今天**，我们能够坐在大树下乘凉，那是因为**很久之前**有人种下了一棵树（前人栽树，后人乘凉）。
>
> 沃伦·巴菲特

由于应用了复利，下一年计算利息的资金将变为110英镑，利息收入将变成11英镑，而非第一年的10英镑。有一种简便的复利计算方法（该方法有时称为"72法则"），即如果年利率为$x\%$，则资金翻番需要的时间为72除以x年。所以，如果年利率为8%，你的资金将在9年后增加一倍。相比储蓄罐，采用复利的银行储蓄方式可以让你的资金更快地增长。

14世纪，第一个使用了小猪外形、用来积攒硬币的储蓄罐在印度尼西亚爪哇岛面世。

固定利率

实际上，银行的利率并不是固定不变的。银行需要在每年的年末计算年平均利率，然后据此向储蓄账户的资金支付利息。

有时候，平均利率将高于开设账户时的利率，有时则会降低。为了避免利率波动的不确定性，你可以设定账户在特定时间内采用固定利率。然而，固定利率意味着你无法享受利率升高的利好，但能够避免利率降低导致的损失。

损失利息

储蓄的时间越久，账户的资金就越多——如果你持续不断地投入，储蓄资金增长的速度将更快。如果你同意在约定的时间内不动用储蓄资金（例如5年或10年定期储蓄），银行将提供最高的利率。这意味着你可以在储蓄期结束时获得更高的利息收入，也意味着这笔资金无法用于紧急情况，或者你在提前取出资金时必须承受利息收入的减少。减少的利息收入可以看作一种处罚，以降低你在不必要的情况下中断储蓄的可能性。

另请参见：第144~145页

➲ 最终的收获

7年后，你最初存入银行的1 000英镑已经接近翻番，达到了1 948.72英镑。在存满10年定期时，你将连本带利共获得2 593.74英镑。

……为未来奠定基础。

购买实物投资品

大多数时间，我们购物是为了满足自己的需要或欲望，然后将剩余的钱作为储蓄存入银行。不过，有些人会用富余的资金购买他们认为能够升值的物品，例如房产、黄金和珠宝、艺术品甚至名酒。这种行为称为实物投资。

制订计划

在我们的一生中，我们需要不断地作出决定，以朝着我们期望的生活方式迈进：做什么样的工作、住在什么地方、如何花费我们的收入。展望未来之际，我们需要谨记一点，那就是未来不可预测，我们需要制订计划来尽可能地保证自身安全，以应对突发意外。

> **养老金不过是一种延迟支付。**
>
> 伊丽莎白·沃伦，美国学者

承担责任

当年轻人离开家独立生活之后，他/她将开始承担责任，包括购买食物和衣服等日常用品，以及支付住所和家用开支等。要承担责任，获得一份收入是必须的，通常这意味着一份工作或者一份自负盈亏的事业。随着时间的推移，年轻人逐渐成熟起来，他/她可能会承担更多的财务责任，例如，按揭贷款购买住房，或者通过贷款来发展自己的事业，而贷款意味着需要偿还的债务，而且还款期可能持续数年甚至数十年的时间。只要能够保证稳定的收入，承担这些责任并没有什么不妥。但是，如果你没有应对意外的计划，可能就会因此产生问题。即使收入出现问题，你也无法回避必要的支出，必须偿还贷款。并且，如果和很多其他人一样，你已经有了自己的伴侣，组建了家庭，缺乏计划可能会让整个家庭陷入困境。

事事不如意怎么办？

展望未来，没有人会期望事事不如意，面临重要选择时更是如此，例如开始一份新工作、结婚或购买住房。不过，意外总是难免的。举个例子，即使没有过错，你也有可能丢掉工作，因为你工作的公司或许因为经营不善倒闭了，或者疾病使你丧失了继续工作的能力。在很多国家和地区，政府

提前规划可以帮助保证美好的未来！

⬆ **心系未来**
人们常说，人生不如意十之八九，所以提前规划可以给未来多一份保障。保险和储蓄能够帮助缓解未来的财务压力，帮助你应对意外支出。

个人财务

> 许愿和制订计划花费的精力一样多。
>
> 埃莉诺·罗斯福，美国政治家，美国前总统富兰克林·罗斯福的夫人

会提供财务支持，以帮助患病或者失业的居民。而这些资金来自人们缴纳的税款。但是这些支持只能满足基本需求，所以购买保险时规划未来是一项明智的选择。定期储蓄也能够为我们积攒资金，以应对未来的不时之需。保单则可以提供更多的保障，而且支持分期购买。在贷款或按揭贷款时，你可以购买保险，以便保障在你无力偿还贷款时承担你的支出。保险分很多种类，例如提供收益的分红保险、帮助你承担医药费的医疗保险和意外保险，以及可以在你死亡后为你的家庭支付保险金的人寿保险。

慢慢变老

当我们年事已高，我们的生活也将变得截然不同。从某天开始，我们或许不再想也无法继续工作，但仍然需要一份收入。大多数国家和地区都提供退休养老金，但这可能不足以支撑我们习惯的舒适生活。我们需要额外的收入来满足退休生活所需，例如私人养老金计划。工作期间，我们需要定期缴纳养老金，然后期待集中管理的养老金能够为我们的退休生活提供保障。在中国，雇主也需要为员工缴纳养老保险。

大多数时候，我们都是为了未来的生活而规划。但是，我们同样需要做好离世的准备。如同保险负担我们一直以来的义务——这些义务现在将成为身后人的责任，我们必须考虑如何处置我们遗留的金钱和财产。我们所拥有的将在我们离世后变成遗产，然后由家人和朋友继承（有可能需要缴纳继承税）。如果你留下了遗嘱——一份记录你遗愿的正式文件，你可以避免关于继承权的法律争议，减少需要缴纳的税费。

> 传说，水手和海盗都习惯佩戴金耳环。这是他们为自己出海时意外死亡准备的丧葬费。

组建家庭

或早或晚，大多数年轻人都会离开父母独立生活。在能够保证稳定的收入之后，他们将开始承担建立家庭的长期责任，例如支付房租或者偿还按揭贷款。很多人想要组建自己的家庭，而这意味着长期的责任——不仅仅是更沉重的财务责任，更是为人夫妻和为人父母的责任。

个人 财务实践

井然有序

要恰当地管理资金和规划预算，你需要对你的收入和支出了如指掌，至少要做到心中有数。要做到这一点，最好的办法是使用账本或软件记录你的开支及收入，并定时检查你的银行账户余额。

旅行安全

如果出现意外，一次国外旅行的花费可能让你无法承受。例如，如果被困于恶劣的天气，你的花费可能会超过预算；如果遭遇抢劫或者疾病，情况可能变得更糟。为了避免意外，你可以在出发前购买旅行保险，针对单次旅行的短期保险或者承保所有国外旅行的长期保单都可以为你的旅行提供保障。

磨刀不误砍柴工

在你前往银行借贷之前，他们需要了解你偿还贷款的能力，以及你是否能够提供住房等担保来防止违约。"工欲善其事，必先利其器。"如果你能够提供他们需要的信息，那么你申请贷款成功的概率将大幅增加。

不要吝于顺听他人的意见

如果你手里有一些余钱，如何最大限度地发掘其价值确实是一个难题。储蓄的方法有很多，所以一位独立的财务顾问的意见有可能会为你提供帮助。同样，很多组织也可以为你提供贷款意见，或者帮助你处理债务问题。

个人财务

年轻人的失业率通常会略高于其他年龄段的劳动者。一般来说，申请一份工作时难免会遇到同龄竞争者。要想在竞争中胜出，增加成功的概率，从而赢得一份更好的工作，我们需要恰当的教育背景及必要的技能。

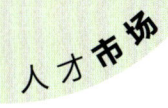

人才市场

互联网安全

借助软件和密码技术，银行和服务提供商正不断增强互联网交易的安全性，但是这并不意味着你可以就此高枕无忧。你必须对你的个人信息和密码保密，仅在可以信赖的网站使用，以避免信息泄露。你要像保护钱包一样谨慎地保管你的手机，因为其中可能包含至关重要的财务信息。

很多时候，管理个人财务就像经营一家公司。为了避免陷入财务困境，你必须时刻注意收入和支出，尽力实现资金流入和流出的平衡。

属于自己的家

大部分年轻人都会离开父母，住在自己租赁的"家"中。在某个阶段，他们可能会决定贷款购买自己的住所。这样做的好处是你可以获得自己的财产，但这同样意味着承担偿还贷款和支付维修费的责任。

以防万一

大多数时候，保险都是一个明智的选择，是有效地保护自己的方式——如果在没有保险的情况下遇到意外，你可能必须独立承担所有的花费，没有任何依靠。但是，在购买保险之前，你必须警惕保险经纪人的花言巧语，认真阅读保险协议。例如，在购买电器时，你可以选择保险来避免被盗或损坏的损失。如果保险费用过高，达到甚至超过了购买新品的价格，那么购买保险就失去了意义。

经济学家名录

莫里斯·阿莱斯（1911—2010）
法国经济学家莫里斯·阿莱斯是行为早期经济学的先驱之一，主要研究人们在决策时的心理活动，尤其是面对多项选择时如何保持理智。他在巴黎学习数学，在巴黎国家高级矿业学院出任经济学教授之前曾是一名工程师。莫里斯·阿莱斯在1988年获得了诺贝尔经济学奖。

让·博丹（1530—1596）
让·博丹是法国一名裁缝之子。他是一名律师、历史学家和极具影响力的政治思想家。他出版了最早关于通货膨胀的著作之一。在16世纪欧洲人口激增之际，西班牙将南美殖民地的黄金和白银大量运往欧洲，让欧洲市场价格飙升。以商品数量与流通的货币数量相关联为由，让·博丹对价格上涨进行了强烈抨击。

张夏准（1963—）
韩国经济学家张夏准在英国剑桥大学任职，是主流经济学和发展政策的批评家领袖之一。在《踢走梯子》《富国的伪善》和《资本主义的真相：自由市场经济学家的23个秘密》等著作中，他表达了对自由贸易和全球化影响的质疑，并提出了其他应对贫困的干预方式。

安东尼·奥古斯丁·库尔诺（1801—1877）
尽管出生于相对贫困的家庭，但安东尼·库尔诺曾学习数学，并先后从事家庭教师、拿破仑麾下某位将军的秘书和大学讲师等工作。作为一名经济学家，他率先将数学应用于经济学研究，对比了垄断和双头垄断的行业产出与利润，并且第一个绘制了供需关系曲线来展示商品需求和价格的关系。

杰拉德·德布鲁（1921—2004）
法国数学家杰拉德·德布鲁在1948年迁居美国，加入了芝加哥大学著名的考利斯委员会，以应用数学来解决经济问题。1983年，他凭借在市场供求均衡方面的成就获得诺贝尔奖，即市场如何通过消费者和公司的需求，以及商品和服务的供应实现高效、公平且稳定的平衡。

理查德·伊斯特林（1926—）
美国经济学教授理查德·伊斯特林在1974年提出了他的"伊斯特林悖论"。在对19个国家和地区进行了30年的调查之后，他发现人们的幸福指数会随收入的增加而升高，和预期相符，但不同国家和地区之间的差距并不明显，尽管国民收入差异巨大。最富裕的国家并不意味着幸福指数最高。从1946年起，美国国内生产总值持续增长，但幸福指数在20世纪60年代出现下滑。这个悖论引发了关于经济学与幸福之间关系的研究。

恩斯特·恩格尔（1821—1896）
1885年，德国统计学家恩斯特·恩格尔提出了"弹性"需求概念，显示了收入变化对需求的影响。"恩格尔定律"显示，随着富裕程度的增加，他们的食物等必要开支增速将低于收入，但奢侈品开支，例如度假等的增速将至少与收入相同。

尤金·法玛（1939—）
尤金·法玛是第三代意大利裔美国人，也是其家族中的第一位大学生。20世纪60年代，他展示了股票价格走势在短期内的不可预测性，而且价格对新信息的响应几乎是瞬时的，这就是高效市场的基础。2013年，尤金·法玛作为"有效市场理论"之父获得了诺贝尔经济学奖。

米尔顿·弗里德曼（1912—2006）
请参见第118页。

朗纳·弗里施（1895—1973）
朗纳·弗里施出生在挪威，最初是一名金匠学徒。作为率先将数学和统计学应用于经济学的经济学家，他创造了"计量经济学（econometrics）""微观经济学（microeconomics）"和"宏观经济学（Macroeconomics）"等术语。1932年，朗纳·弗里施创立了奥斯陆经济学院；1969年他与同事简·丁伯根（Jan Tinbergen）成为第一届诺贝尔经济学奖得主。

约翰·肯尼斯·加尔布雷斯（1908—2006）
约翰·肯尼斯·加尔布雷斯曾在加拿大和美国学习经济学，后于英国剑桥大学任教，受到了约翰·梅纳德·凯恩斯（参见第111页）的深刻影响。在第二次世界大战期间，他曾出任美国政府物价管理局副局长，但因为支持永久物价管制而辞职。他曾从事记者、学者、美国总统约翰·F·肯尼迪的经济顾问等工作。1958年，他出版了畅销著作《富裕的社会》（The Affluent Society）。

罗伯特·吉芬（1837—1910）
吉芬商品，名称源自苏格兰财经新闻记者、统计学家和经济学家罗伯特·吉芬爵士，表示需求随价格上涨而增加的商品。面包作为19世纪英国底层居民的主食，是最初的吉芬商品（参见第40页）。面对上涨的价格，贫困阶层必须增加食物开支来确保生存，而需求增加则是因为他们无力购买其他的食物。

弗里德里希·哈耶克（1899—1992）
请参见第100页。

大卫·休谟（1711—1776）
大卫·休谟是18世纪最具影响力的英国哲学家和经济学家之

一。他进入爱丁堡大学时年仅12岁，后来生活在巴黎和伦敦，最后重返爱丁堡。作为一位多产的作家，他认为经济自由是政治自由的基础，并展示了国家或地区物价随货币供应的变化。限制进口和鼓励出口并不会增加一个国家或地区的财富。相反，随着出口的增加和用于支付的黄金的流入，出口国家或地区的物价不降反升。

威廉·杰文斯（1835—1882）

英国经济学家威廉·杰文斯是一位多产的逻辑和经济学作家，他认为商品的价值在于为消费者提供的用途而非其生产成本。威廉·杰文斯关于"边际效用"的观点为消费者行为提供了解释：第一块巧克力带给你的满足感远高于最后一块。相比第一块巧克力，此后每多吃一块巧克力，你获得的效用（价值）都将递减。所以，消费者会选择在价格下滑时购买，或者购买其他不同的产品来获得更大的效用（价值）。

丹尼尔·卡尼曼（1934—）

请参见第88页。

约翰·梅纳德·凯恩斯（1883—1946）

请参见第111页。

保罗·克鲁格曼（1953—）

美国经济学家保罗·克鲁格曼以国际贸易和金融领域的领先研究，以及货币危机和金融（税收）政策分析而闻名。2008年，保罗·克鲁格曼因为对国际贸易模式的研究而获得诺贝尔奖。该模式被称为新贸易理论，以地域作为经济学的中心。他认为，经济活动的地域化是消费者的品牌偏好、生产商经济规模和商品运输成本等因素共同作用的结果。

阿瑟·拉弗（1940—）

20世纪70年代，一批经济学家要求政府减少对公司运营，以及商品和服务供应的干预。作为其中的一员，阿瑟·拉弗以"拉弗曲线"而闻名。拉弗曲线以图形的形式显示了税率与税收收入之间的关系，展示了超过一定税率后政府收入将下滑。

克里斯蒂娜·拉加德（1956—）

克里斯蒂娜·拉加德生于法国巴黎，最初以法律为专业，并在国际律师事务所任职。后来她进入了政界，在2005年出任法国商业与工业部长，随后被任命为财政部长。2011年，克里斯蒂娜·拉加德当选国际货币基金组织总裁。

托马斯·马尔萨斯（1766—1834）

英国经济学家托马斯·马尔萨斯是哲学家大卫·休谟和让·雅克·卢梭的教子，后来在剑桥大学就读，并于毕业后成为英国国教牧师。他最著名的成就是建立了人口增长与贫困之间的联系。1805年，托马斯·马尔萨斯成为第一位政治经济学教授。

阿尔弗雷德·马歇尔（1842—1924）

阿尔弗雷德·马歇尔是英国最具影响力的经济学家之一、新古典学派的创始人，为经济学研究提供了科学的方法。在他的著作《经济学原理》中，阿尔弗雷德·马歇尔详细介绍了经济学的各个方面，是过去50多年的时间中经济学专业学生的必备教材。他曾在布里斯托大学和剑桥大学任教，约翰·梅纳德·凯恩斯（参见第111页）是其中最重要的学生之一。

卡尔·马克思（1818—1883）

参见第48页。

卡尔·门格尔（1840—1921）

卡尔·门格尔在加利西亚（现在的波兰）出生，曾是维也纳大学的一名经济学教授。在维也纳大学，他帮助发展了"边际效用"理论，解释了商品的单位价值递减。卡尔·门格尔的研究引发了与主流德国经济学观点的分裂，他与同事欧根·冯·庞巴维克（Eugen Böhm von Bawerk）、弗里德里希·冯·维塞尔（Friedrich von Wieser）等人创立了奥地利学派。

约翰·斯图尔特·密尔（1806—1873）

出身于显赫的英国思想家家族，约翰·斯图尔特·密尔继承了家族传统，最终成为了一名哲学家、政治家、活动家和经济学家。他关于个人不受政府干预之自由的理论奠定了英国19世纪实际政治和经济自由主义的基础。他曾在19世纪60年代担任议会成员，有机会就社会公正发表观点。约翰·斯图尔特·密尔强烈反对奴隶制，并与妻子一起致力于女性权益活动。

海曼·明斯基（1919—1996）

海曼·明斯基以关于金融危机的描述和表示危机不可避免的"明斯基时刻"（参见第82页）而闻名。他是美国圣路易斯华盛顿大学的一名经济学教授，主要关注可能引发"繁荣与萧条"的经济起伏波动。受约翰·梅纳德·凯恩斯的影响，海曼·明斯基支持政府对金融市场的干预。

路德维希·冯·米塞斯（1881—1973）

奥地利学派的领袖级经济学家。路德维希·冯·米塞斯曾在维也纳大学跟随尤金·冯·庞巴维克（Eugen von Böhm-Bawerk）学习经济学。在20世纪30年代纳粹掌权后，他离开维也纳前往日内瓦，最终定居纽约，并作为教师进入大学。路德维希·冯·米塞斯反对社会主义的经济学理论，对弗里德里希·哈耶克及20世纪下半叶美国的新自由主义经济学家产生了重要影响。

弗兰克·莫迪利安尼（1918—2003）

作为一名犹太人和坚定的反法西斯斗士，弗兰克·莫迪利安尼在1938年为了逃离墨索里尼的法西斯专政而离开祖国意大利。他首先到了巴黎，最终定居美国并教授经济学，后来成为麻省理工学院的一位教授。1985年，弗兰克·莫迪利安尼凭借在储蓄和金融市场方面的研究获得了诺贝尔奖。

戴妙玉（1969—）

戴妙玉是在赞比亚出生的国际经济学家，现居住在纽约，以反对援助发展中国家的观点［详见其第一部著作《致命援助》（*Dead Aid*）］而获得了争议性的名声。她迁居美国继续自己的研究，并获得了牛津大学的经济学博士学位。进入世界银行和高盛投资公司工作后，戴妙玉将大部分时间用于写作和发表关于发展和国际经济的观点，但她同时在多家大型公司、银行和慈善机构的董事会任职。

约翰·福布斯·纳什（1928—2015）

作为1994年诺贝尔经济科学奖联合得主之一，约翰·纳什是一位出色的数学家，他关于"博弈论"的研究帮助解释了我们在做出经济决策时彼此之间的交互方式。好莱坞以他的生活经历为素材拍摄了影片《美丽心灵》（*A Beautiful Mind*），其中重点描述了他与精神分裂症斗争的经历。

埃莉诺·奥斯特罗姆（1933—2012）

埃莉诺·奥斯特罗姆是第一位也是迄今为止唯一一位获得诺贝尔经济科学奖的女性——2009年与奥利弗·威廉姆森（Oliver Williamson）合得。她在美国加利福尼亚州洛杉矶出生，从加州大学洛杉矶分校毕业后，在印第安纳州立大学和亚利桑那州立大学任教，并以政治、政府和经济学方面的研究著称，特别是公共商品与服务的生产。

维尔弗雷多·帕累托（1848—1923）

虽然在法国出生，母亲是法国人而父亲是意大利人的维尔弗雷多·帕累托在意大利长大。他最初学习的专业是工程学，毕业后成为了一名土木工程师。后来，他开始关注经济学和社会学，并在45岁时成了洛桑大学的一位政治经济学教授。维尔弗雷多·帕累托最著名的成就在于他对福利经济学和收入分配方面的研究，包括以其名字命名的"帕累托效率"。

阿瑟·庇古（1877—1956）

英国经济学家阿瑟·庇古是剑桥大学阿尔弗雷德·马歇尔教授的门生。他发展了特别税的概念，即针对产生外部效应并造成危害或导致他人成本增加的企业征收庇古税（环境税）。1908年，他成为剑桥大学的政治经济学教授，并持续工作至1943年。

罗伯特·帕特南（1941—）

美国政治科学家罗伯特·帕特南一直关注公共政策和社会变迁。在著作《一个人打保龄球》（*Bowling Alone*）中，他研究了社会与经济之间的联系，特别是美国。他把社会中的社交网络称为"社会资本"，并且认为这是一种资源，而当代社会正在引发这种资源的持续减少。

弗朗斯瓦·魁奈（1694—1774）

弗朗斯瓦·魁奈是第一位当代经济学家。他在法国临近凡尔赛的梅黑出生，从医学专业毕业后成为了凡尔赛王宫的医生。但是他后来投身于经济学领域，并在1758年出版了著作《经济表》（*Tableau Économique*）——这是第一部介绍经济研究成果的作品。

大卫·李嘉图（1772—1823）

请参见第67页。

琼·罗宾逊（1903—1983）

琼·罗宾逊是最成功的女性经济学家之一。她的大学生活在剑桥大学度过，毕业后开始了游学，但之后她重返剑桥开始执教。受约翰·梅纳德·凯恩斯（参见第111页）的影响，琼·罗宾逊形成了自己独有的货币经济学理论，重拾对马克思主义经济学的兴趣。作为一位旅行家，她还提出了创新的经济发展理念。

丹尼·罗德里克（1957—）

土耳其经济学家丹尼·罗德里克在美国学习经济学，目前是哈佛大学的国际政治经济学教授，不过仍保持了与土耳其的密切联系。他是经济发展和国际经济学领域的权威，曾深入研究全球化水平提升所带来的广泛的社会和经济影响，以及政府的应对。

杰弗里·萨克斯（1954—）

20世纪80和90年代，杰弗里·萨克斯曾为拉美国家，以及东欧和苏联等国家的政府提供建议，并因此而闻名全球。最近，他主要关注可持续发展和公共健康问题。杰弗里·萨克斯在美国密歇根州底特律出生，在哈佛大学学习并教授经济学超过20年。2002年，他出任哥伦比亚大学（纽约）地球研究所主任。

让-巴蒂斯特·赛伊（1767—1832）

以关于市场供应与需求的描述（称为"赛伊定律"）而闻名，法国经济学家让-巴蒂斯特·赛伊在法国出生，但在英国完成学业。后来，他进入商界，开设了一家棉纺厂，同时也是巴黎一家政治杂志的编辑。该杂志主要传播亚当·斯密（参见第32页）的经济学观点。

约瑟夫·熊彼特（1883—1950）

约瑟夫·熊彼特在时属奥匈帝国的摩拉维亚出生，并在小时候迁居维也纳。后来，他在维也纳完成大学学业，进入切尔诺夫策（现属乌克兰）和格拉茨（现属奥地利）的大学任教。第一次世界大战之后，他被任命为奥地利财政部长，后出任比德尔曼银行总裁。1924年，约瑟夫·熊彼特迁居美国。与卡尔·马克思（参见第48页）类似，他认为资本主义制度无法摆脱破坏的本性，他将资本主义的创新称为"创造性破坏"。

阿玛蒂亚·森（1933—）

1998年，凭借福利经济学方面的成就及关于最佳资源分配方式的研究，印度经济学家阿玛蒂亚·森获得了诺贝尔经济学奖。他曾先后在加尔各答大学和英国剑桥大学就读，后来开始了在印度、美国和英国的执教生涯。

赫伯特·西蒙（1916—2001）

赫伯特·西蒙十分博学，是众多领域十分杰出的思想家，包括心理学、社会学、计算机科学和人工智能，以及政治学和经济学。他是行为经济学领域的先驱，他融会不同的学科，提出了"有限理性"（参见第88页）的理念，并因此获得了1978年的诺贝尔经济科学奖。

亚当·斯密（1723—1790）

请参见第32页。

尼古拉斯·斯特恩（1946—）

英国经济学家尼古拉斯·斯特恩是世界银行前副总裁，但他的另一个身份更为有名：英国政府的气候变化经济学顾问。作为英国财政部下属团队的负责人，他于2006年发表了《斯特恩气候变化经济学报告（*Stern Review Report on the Economics of Climate Changes*）》，认为气候变化是"迄今为止市场失效"导致的最严重的后果。

乔治·斯蒂格勒（1911—1991）

与米尔顿·弗里德曼（Milton Friedman，请参见第118页）并称为芝加哥学派的领袖经济学家。乔治·斯蒂格勒在1982年获得了诺贝尔奖。他在美国华盛顿州西雅图出生，在芝加哥大学就读，后来在纽约哥伦比亚大学任教，并于1958年重返芝加哥。他主要研究政府行为和经济学历史，是率先进行信息经济学研究的经济学家之一。

约瑟夫·斯蒂格利茨（1943—）

美国经济学家约瑟夫·斯蒂格利茨以信息经济学研究成果而著称，曾在20世纪90年代担任美国总统比尔·克林顿的经济顾问，后成为世界银行的经济学家。他反对当前流行的自由市场经济学理论，特别是跨国公司，以及国际货币基金组织和世界银行等国际组织管理下的全球化方式。

詹姆斯·托宾（1918—2002）

詹姆斯·托宾曾是20世纪90年代美国总统约翰·F·肯尼迪的经济顾问。他在哈佛大学就读，并遇到了约翰·梅纳德·凯恩斯（请参见第111页），成为后者经济学政策的拥趸。詹姆斯·托宾是一位税务专家，他针对金融交易以抑制金融市场过度投机为目的的税务建议称为"托宾税"。

托斯坦·凡勃仑（1857—1929）

托斯坦·凡勃仑出生在挪威移民家庭，在美国明尼苏达州的农场长大。他反对当时很多主流的经济学观点，并结合社会学和经济学发展出了一种不同于传统的方法。托斯坦·凡勃仑批判资本主义，并在其著作《有闲阶级论》（*The Theory of the Leisure Class*）中介绍了这一理念。凡勃仑商品（请参见第59页）就是以他的名字命名的商品。

莱昂·瓦尔拉斯（1834—1910）

法国经济学家莱昂·瓦尔拉斯最初的专业为工程学，并曾尝试过多种职业，包括记者和银行管理者，最终他成了一名经济学家。在担任瑞士洛桑大学政治经济学教授之后，他将自身的数学知识应用于经济学研究，形成了他的边际价值和市场平衡理论。

玛丽琳·华林（1952—）

政治家和经济学家玛丽琳·华林在新西兰怀卡托区纳鲁阿瓦希亚出生。年仅23岁的她便入选了新西兰议会，但随后于1984年离开政坛，开始寻求学术成就。玛丽琳·华林的著作《如果女性做主》（*If Women Counted*）是女性经济学领域的里程碑，指出了主流经济学观点忽视了女性对经济的巨大贡献。

比阿特丽斯·韦伯（1858—1943）和西德尼·韦伯（1859—1947）

经济学家、历史学家和活动家比阿特丽斯·韦伯，以及她的丈夫西德尼·韦伯在英国工会运动、合作运动、社会主义费边社和英国重要政党之一——工党的组建过程中都发挥了重要作用。韦伯夫妇曾共同倡议和发起了多项活动来促使社会变革，包括最低工资和建立福利制度。他们合作完成了多部著作，也是伦敦学派的重要创始人。

马克斯·韦伯（1864—1920）

马克斯·韦伯在德国埃尔富特出生，是当代社会学研究的奠基人之一。他曾在德国多所大学任教。在他的文章《新教伦理和资本主义精神》（*The Protestant Ethic and the Spirit of Capitalism*）中，马克斯·韦伯介绍了北欧社会与宗教同资本主义与工业化的融合方式及对经济发展的作用。

弗里德里希·冯·维塞尔（1851—1926）

奥地利学派的重要经济学家。弗里德里希·冯·维塞尔在担任维也纳大学教授之前曾是一名政府公务员。他对经济理论的贡献包括"边际效用"（参见第41页）概念和价值理论等相关研究，以及机会成本概念。

雅尼斯·瓦鲁法基斯（1961—）

出生于希腊雅典、自封为"自由马克思主义者"的雅尼斯·瓦鲁法基斯最初在英国就读于数学专业，后来转而取得了经济学博士学位。1988年，他进入澳大利亚悉尼大学任教，但后于2000年返回希腊，在雅典大学任教，并同时担任政府的顾问。2015年，雅尼斯·瓦鲁法基斯被任命为左翼激进联盟政府的财政部长，但在仅仅7个月后便辞去了该职位。他通过离职表达了对国际金融组织的强烈不满。作为向希腊提供救助贷款（参见第107页）的条件，这些金融组织提出了十分严苛的还款要求。

词汇表

资产
一个人拥有的可以作为资源的物品，例如货币、财产或设备。应收货币，包括商品的未来付款或者未偿付贷款也被视为资产。

奥地利学派
由卡尔·门格尔在19世纪晚期创立的经济学派。这个学派将所有的经济活动归结为个人的选择和行为，反对政府干预。

收支差额
在一段特定的时间内，因出口贸易从海外流入一个国家或地区的资金总额减去因进口贸易流出的货币总额。

贸易差额
指定时间内一个国家或地区的进口和出口贸易值差额。

破产
个人或公司无法偿还其债务的法律声明。

以物易物
无须货币等交换媒介，直接使用商品或服务作为对方的酬劳并进行交换的一种交易制度。

熊市
股票或其他商品价值持续下滑的时间段。熊市与牛市相对。

行为经济学
经济学的一个分支，研究的是心理和社会因素对决定的影响。

债券
一种用于筹集资金的贷款形式。债券也称为证券，由政府或公司发行，可以为发行者提供一笔资金，而债券发行者同意在未来指定的时间以本金加利息的方式偿还贷款。

预算
列出所有计划支出和收入的财务计划。

牛市
股票或其他商品价值持续上涨的时间段。与熊市相对。

资本
一家企业用于生产商品和服务并获得收入的生产资料、货币和实物资产。

资本主义
一种生产资料私有、公司竞相出售商品以获取利润且工人以劳动换取工资报酬的经济制度。

同业联盟
通过协商确定商品价格或限制产量以推高价格的企业组织。

芝加哥学派
自由市场经济学家学派，其限制政府干预和减少市场管制的理念在20世纪80年代成为主流思想。

古典学派
18世纪到20世纪由亚当·斯密等经济学家形成的学派。该学派关注国家和地区及自由市场的发展，认为这种追求自我利益的生产可以为所有人带来经济利益。

大宗商品
任何可以交易的产品或服务，通常表示石油或小麦等原材料或者类似品质的产品。无论供应商是谁，此类商品通常会大批量供应，因此通常称为大宗商品。

共产主义
卡尔·马克思提出的一种政治和经济公平的制度。在这种制度中，财产和生产资料归集体所有。共产主义与社会主义相似，与资本主义相对。

公司
一个由两个或更多人一起工作来制造产品或提供服务的组织，也称为作坊，大型的公司称为企业（corporations）。

词汇表

竞争
当两家或更多家生产商通过竞相提供更大的优惠来吸引买家光顾时，竞争就会随之出现。竞争会促使公司提升效率和降低价格。

消费
商品或服务的购买与价值。政府累加个人购买以计算全国消费数据。社会消费的资源越多，则储蓄和投资的货币额就越少。

企业
一家获得法定授权且可以作为单一实体进行经营活动的公司归股东所有，并由股东选出的董事负责运营。

生活成本
满足食物和住房等基本需求的平均成本。作为一项指标，用于衡量在不同城市或国家和地区以可接受标准生活的成本。

信贷
一种延迟支付方式。债权人（放款人）因为相信能够获得及时偿还而向债务人（借款人）发放贷款，存有资金可以偿还债务银行账户称为"信用账户"。

债务
一方（债务人）向另一方（债权人）偿还贷款的承诺。

违约
无法按照商定的条件偿还贷款。

赤字
一种失衡。贸易赤字（逆差）表示进口额高于出口额，政府预算赤字表示公共支出超过除了税收收入。与盈余相对。

通货紧缩
商品和服务价格持续下滑的时间段。与通货膨胀相对。

需求
个人或群体愿意和能够购买的商品或服务数量。需求越旺盛，价格就越高。

萧条
经济活动的长期严重衰减，需求和生产低迷、失业率增加、信贷极为罕见。

发展
一个国家或地区发展经济和改善居民福利或寻求机会援助贫困的发展中国家的政策和投资。

劳动分工
根据技能和资源向个人或组织分配任务，以提升效率和增加产量。

出口
向其他国家和地区销售商品和服务。与进口相对。

外部效应
一项经济活动引发的与活动无关人员的成本或收益无法在价格中体现。例如，机场产生的巨大噪声可能导致周边房产的价格下降；为采蜜而养殖的蜜蜂也会促进谷物的授粉。

自由市场经济
一种市场经济制度，个人和公司根据供应和需求状况做出生产和价格决策，政府管制极少甚至没有。

自由贸易
在没有政府或任何其他组织实施的关税或配额等限制的情况下进口和出口商品与服务。

GDP
GDP是Gross Domestic Product的缩写，表示国内生产总值。通过累加一年时间的商品和服务产出，GDP可以作为衡量一个国家或地区年度收入的指标，以评估该国家或地区的经济活动和财富。

全球化
货币、商品或人员的跨国界自由流动，可以促进市场的整合，增加国家和地区之间的经济相互依赖。

GNP
GNP是Gross National Product的缩写，表示国民生产总值。GNP是一年内一个国家或地区企业生产的全部商品和服务的价值总和，包括国内和海外所产的商品与服务。

商品
表示用于满足消费者需求的待售有形产品或原材料的一个术语。

政府
管理国家或地区的体系、方法或者管理人员。经济学家对政府是否应当干预经济始终没有定论。

增长
一段时间内经济潜在产出的增加,可以通过对比不同国家或地区人均GDP的方式进行衡量。

对冲
通过接受新风险来降低现有的风险。对冲基金属于投资基金,收集富裕的可信任个人和机构的资金,并投资于各类广泛的资产。

进口
从其他国家和地区购买商品和服务。与出口相对。

产业
商品或服务生产的总称,也用于描述特定领域,例如石油产业或电影产业。

通货膨胀
商品和服务价格持续上涨的阶段。与通货紧缩相对。

利息
借贷的成本。利息用于奖励放款人向借款人借贷所承担的风险。

利率
借贷的价格。在贷款本金的基础上,贷款利率通常描述为每年必须偿还金额的百分比。

投资
以增加未来生产和利润为目标而注入的资金。

凯恩斯主义
一个经济理论学派,以极富影响力的20世纪经济学家约翰·梅纳德·凯恩斯的理论为基础,支持通过政府开支来摆脱经济衰退。

自由主义
法语术语,意思是"放任不管",常用于描述不受政府干预的市场。

宏观经济学
将经济作为一个整体进行研究的学科,关注利率、通货膨胀、经济增长和失业等因素。与微观经济学同属不同的经济学研究方向。

市场
现实或虚拟的商品或服务交易(购买和出售)场所。

重商主义
16世纪到18世纪的主流经济学理论,强调政府对外贸的管制,以保证贸易差额为正值,以及充足的货币供应。

微观经济学
研究经济构成的具体细节,例如家庭、公司或市场的经济行为。与宏观经济学属不同的经济学研究方向。

货币政策
以调整货币供应或利率为目标的政府政策,目的是刺激或抑制经济活动。

垄断
只有一家公司的市场。如果没有竞争,公司通常会控制产量以提升产品售价。

抵押
一种基于财产价值的贷款,贷款用于购买抵押财产本身(例如房屋按揭贷款),或者由借款人用于其他用途。如果借款人无法偿还贷款,放款人可以收走并出售抵押财产。抵押是一种担保贷款,抵押的财产就是担保的物品。

跨国的
在超过一个国家或地区运营,跨国企业通常为在国外生产商品的大型公司。

国有化
一家公司或一个行业从私有向公有(国有)的转变。与私有化相对。

新古典学派
当前主流的经济学派,从古典学派的自由市场理念发展而来,以供应和需求概念和做出理智选择的个体为基础。

词汇表

新自由主义
一种经济学和社会研究方法，支持自由贸易和更高的私有化水平，以及尽可能减少政府干预。

私有化
将国有企业出售给私人投资者。与国有化相对。

生产
以销售为目的的商品或服务制造过程，也可以表示指定时间段内生产的商品或服务总量。

生产力
衡量个人、公司或整个国家/地区产出的标准。通常的计算方法为：指定时间段的总产出除以工作小时数或者工人数量。

利润
一家公司总收入减去总成本的盈余。

保护主义
针对国外竞争者、旨在保护一个国家或地区经济的政策，通常包括设立进口关税或配额等贸易壁垒。

配额
一个国家或地区针对进口商品设置的数量限制。

衰退
经济总产出减少的时间段。严重的长期衰退称为萧条。

收入
一家公司在指定时间段内收入的总金额，也表示政府税收和其他收入的总金额。

担保贷款
以属于借款人的资产作为担保的贷款。如果借款人无法偿还贷款，放款人将获得该资产。抵押贷款使用财产来为贷款提供担保。

服务
理发、交通运输和银行等无形产品。服务和商品是经济活动的两个核心组成。

股份
计算公司所有权的单位，可以出售给投资者以换取资本进而扩张业务。也称为股本。

社会主义
一种社会平等的政治和经济制度，财产和生产资料由政府代表工人持有和运营，工人获得工资。比共产主义相对缓和，两种制度都与资本主义相对。

股票市场
交易股票的市场。

补贴
政府支付的资金，用于人为调控物价，并保护企业应对进口商品的竞争。

供应
可以购买的产品数量。

供应和需求
市场经济的两个基本驱动力。供应不足和旺盛的需求将推高价格，供应过量和低迷的需求将拉低价格。

盈余
贸易盈余表示出口额高于进口额。政府预算盈余表示税收收入超过了公共开支。与赤字相对。

关税
一个国家或地区针对进口商品征收的税费。

税费
政府向公司和个人收取的费用，纳税是公民的法定义务。

索引

注：粗体页码表示此页包含重要的主题相关信息。

A
ATM（自动柜员机） 21、128、141、128、141
阿尔弗雷德·马歇尔 24、25、38、149
阿玛蒂亚·森 150
阿莫斯·特沃斯基 88、89
阿瑟·拉弗 77、149
埃莉诺·奥斯特罗姆 150
按工论酬 136~137
奥地利学派 24、25、100

B
罢工 56
保护主义 67、68
保罗·克鲁格曼 64、117、149
保险 145、146、147
本票 20
比特币 22、23、27
避税 77
边际效用 41
并储蓄 129
波动 70~71
伯尼·麦道夫 103
不均 118~119
不均 87、110~111、118~119、120-121

C
财产投资 143
财富
查尔斯·庞奇 103
偿还 134~135、146~147
撤销监管 90
成本
成本 131、134
成本 53、69
赤字 99
冲动购物 133
筹集资金 100
出口 43、66~69、95
储蓄 142~143
储蓄 7、12、13、128、129、131、134、142~143、146
创造需求 39
慈善 112、121
慈善事业 121
次级抵押贷款 90
存储 7、12、13
存款/存款人 102~103、117

D
大衰退 91
大卫·李嘉图 67
大卫·休谟 32、148~149
大型公司 49、61、69
贷款 100~101、116~117、135、146
贷款 101
戴妙玉 113、150
丹尼尔·卡尼曼 72、88、89
道德 34~35
道德关注 34~35
道德危害 117
地位标志 74、151
抵押/按揭 117、131、134、144、145
抵押品（贷款/抵押贷款）101、117、134、146

帝国主义 104~105
电子 20~23
电子交易 20~21、22
董事 44、49、51
独立的财务顾问 9、128、146
赌徒的谬误 89

E
恶性通货膨胀 84~85
恶性通货膨胀 84~85
恩斯特·恩格尔 148

F
发明 6
发展经济学 9
发展中国家 104~105
法定货币 17、18
法定货币 7、17
繁荣与萧条 65、71
犯罪 23、26、27、65
非接触移动支付方式 7
分工 52
分红 44
分配 24、65、104~105、118、119
分配 32~33
分析师 8、89
分享 101
风险 80~81、82~83、117
缝隙市场 61
弗兰克·莫迪利安尼 149
弗朗斯瓦·魁奈 150
弗里德里希·冯·维塞尔 151
弗里德里希·哈耶克 24、25、100、118
服务，请参见商品与服务

G
服务行业 36、37、43、53、59、60
福利支出 111、118、126、145
负收入所得税 95
复利 143

干预程度 25、33、47、64~65、71、74、87、111
高利贷者 120
高效运营一家企业 52~53
更贫困的国家或地区 111、113
工厂 42、48、53、137
工会 56
工人的权益 56
工人合作社 54、87
工业革命 24、42、42、43、58
工业化 92、95、104、105
工资 42、50、56
工资差距 118~119
工作 56~57
工作共享 127
工作时间 60、124~125
工作条件/环境 34~35、56、65、95、108、120、137
工作与生活的平衡 124~125
公共服务 65
公共开支 75
公共商品 74、75、76~77
公平贸易 34~35
公司股票 82
供应量 102~103
供应与需求 14、15、31、32~33、38~39
供应与需求 38~39、40

共产主义 24、25、47、48、49、65
购买和出售 19
购物 58~59、133
古典学派 25、41
股本 82
股东 44、48~49、51、100
股票/股份 15、44、48、49、51、72~73、81、82、101、129
股票市场 15、45、72~73、80、81、82
关税 67
管理 51
管理者 51、52、87、109、119
规模化生产 52、53
规模经济 53
国际货币基金组织（IMF）106、107、117
国际金融组织 106~107、113
国际劳工组织（ILO）106
国际贸易 66~69、99、104
国家 99
国家补助 65、75、101
国内生产总值（GDP）98~99
国有化产业 49
国有企业 49、101
过时/陈旧 61

H
"互联网"泡沫 73
海曼·明斯基 82、149
海外投资 105
合伙制 48~49
合作运动 54~55、67
和预算 130~131

赫伯特·西蒙 25、88~89、151
亨利·福特 100
衡量一个国家或地区的富裕程度 98~99、118、120
宏观经济学 9、27、111
后工业社会 43、60
互联网 43、53、147
华尔街股灾 71
华盛顿共识 107
化石燃料 95、114、115
环境问题 34、71、75、77、92~93、95、108
黄金 16、17
汇率 18~19、140~141
会计 9
混合型经济 49、65
货币
货币 16~19
货币兑换点 18、19、140、141
货币供应量 102~103

J
"吉芬商品" 40
"经济人" 88、89
"巨无霸指数" 120
机会成本 41、124、125
机械化 42~43、57
基础设施 105、108、109、113
计划经济 47
记账单位 13
技术 61
季节性工作 57
加密数字货币 22~23

家
假期 140~141、146
价格
价格/价值悖论 40、41
价值
价值 13、20
价值 40
价值 40~41、99
间接税 77
监管 64~65、71
建筑行业 37、43
交换媒介 12、16~19、20
杰弗里·萨克斯 150
借贷 100、116~117、120
借贷 83、90、100~101、102~103、116~117、129、134~135、145、146、147
借贷协议 79
借记卡 7、12、20~21、128、141
金本位 16
金融弊端 90
金融分析师 83
金融风暴（2007—2008年）90~91、116
金融工程 83、90
金融票据 82
津巴布韦，恶性通货膨胀 85
紧急状况 142、144~145
紧缩政策 91
进口 43、65、66~69、94
经济大萧条 25、71、111
经济泡沫 72~73
经济问题 30~31、32
经济学 6~7、25、26
经济学家 8~9

经济预测 80~81、94
经济增长 70、71、94、104
经济周期 71
竞争 46~47、61、86
竞争与 46
涓滴理论 119
决策 88~89
绝对贫困 110~111

K
卡尔·马克思 15、24、25、33、41、47、48、64、87
卡尔·门格尔 149
开设新企业、启动新业务 51、100
开支
凯恩斯学派 24
可持续经济 71
可持续能源 115
可持续增长 109
可再生能源 115
克里斯蒂娜·拉加德 149
克隆银行卡 26
跨国公司 69
跨国公司/企业 69、108~109

L
莱昂·瓦尔拉斯 25、151
朗纳·弗里施 148
劳动分工 52
劳动价值理论 41
劳动价值理论 41
劳动力 31、56~57、106
劳动力市场 56~57
理查德·伊斯特林 148
利润 50、51

索引

利息 116、117、129、135、142~143
联合国（UN） 110
量化宽松 103
零售行业 51、58~59
流水线 53
垄断 46、74~75
路德维希·冯·米塞斯 47、149
罗伯特·吉芬 40、148
罗伯特·帕特南 150
旅行资金 140~141
旅行资金 140~141、146

M
马克思学派 24、41、64
马克斯·韦伯 151
玛丽琳·华林 151
卖空 79
贸易 7、24、106
贸易商 8、80~83
美联储 103、135
美元 6、16、18、19、27、140、141
米尔顿·佛理德曼 28、86、95、118
密码 147
名录 148~151
明斯基时刻 82
莫里斯·阿莱斯 148
谋生之道 126~127

N
纳斯达克（美国全国证券交易商自动报价系统协会） 15
南海泡沫 73
内幕交易 74、87
能源 36、114~115
尼古拉斯·斯特恩 74、151
牛市 80

农业 36、42、43、93、105
奴工 35、95、120

O
欧元 18、19、140
欧元区 19、140
欧洲联盟 19
欧洲委员会 107
欧洲中央银行 107

P
贫困 104~105、109、110~111
贫困陷阱 111、113
贫困与债务 110~111、113
平衡 64、70
破产 45
破产 91、101、117
破产银行 91、101、117

Q
期货合同 78、82
期货市场 78~81
欺诈 103
企业
气候变化 74、92~93、95、114、115
乔治·斯蒂格勒 151
请参见气候变化
取消 113
去中心化货币 22
全球变暖
全球化 68~69、118
缺乏 74~75
缺乏技能的劳动者 109、136

R
让·博丹 148
让-巴蒂斯特·赛伊 150
人均 99、118
人口增长 30、31、71、92

人力资源 31、53
人造资源 31
日元 18、19
融资 100~101、134

S
商品价值 40~41
商品市场 15、78
商品与服务 14~15、36~37
商品与服务供应 76~77
上市公司 44~45、48~49、100
奢侈品 43、53、58、59
社会流动性 119
社会主义 49、65、87、119
生产 50~51
生产成本 50~51、69
生产力
生产资料 31、37
生活标准 70、71、98、99、104、111、118、121
生活成本 99、110
失效 74~75
失业 57、111、126、145、147
石油 30、60、78、105、114、121
世界贸易组织（WTO） 106
世界银行 106、110、113
市场 7、14~15
市场经济 24、47
市场趋势 81
试探法 89
收入 请参见工资
熟练工人/技术工人 56、57
数字 22~23
数字货币 22~23
衰退 70、71、91
水 30、60、92、110、112
税费 65、76~77、93、95、118

斯特灵（英国货币） 6
缩减开支 132~133
所得税 77、95
所有权 48~49

T
贪婪 86~87
碳排放 92、93、95、115
碳足迹 95
特殊市场 15
提前规划 144~145
替代数字货币 23
通货膨胀 84~85
同供应与需求 38~39、78
同业联盟 75
童工 35、95、120、137
统一世界货币 27
投资者/投资 48、49、94、101、118、128、129、142~143
透支 128~129、135
退休 145
托马斯·马尔萨斯 92、149
托斯坦·凡勃仑 59、151

W
外包 53、69
外部效应 75
外部援助 112~113
外汇 19、78
外援 112~113
网络安全 27
威廉·杰文斯 149
微观经济学 9、27
韦伯夫妇，比阿特丽斯·韦伯

H
和西德尼·韦伯 151

W
违约 116~117
维尔弗雷多·帕累托 150

伪造 26
萎缩 91
魏玛共和国 84、85
温室气体 92~93、95、114
沃伦·巴菲特 78、81、143
污染 75、77、92~93、95、108
无前途的工作 120

X
"虚拟"货币 21、27、134~135
希腊救助/债务危机 107、116
稀缺性 30、38~39
稀有商品 40
现金 12、20~21、26、128~129
限定 106
相对贫困 111
相对优势 67
消费品 37
消费社会 58~59
消费者合作社 55、87
消费者权益/保护 65、87、95、133
消费主义 59
萧条 70
销售收入 50~51
销售税 77
小企业 48、51
效用 40~41
心理学与经济学 88、89
新古典学派 24、25
薪酬，请参见工资
信息技术 43、53、61
信息披露 74
信用卡 135
信用卡 7、12、20~21、128、135、141
信用评级 134

信用社 54
行为科学学派 24、88~89
行业 42~43
性别差异 136
熊市 80
休闲时间 59、60、124~125、131
需求，请参见供应与需求
学派 24~25、26
学术经济学家 8~9
学徒计划 127
血汗工厂 34、35、95、120、137

Y
雅尼斯·瓦鲁法基斯 151
亚当·斯密 21、24、32、33、41、44、52、79、86、105
亚瑟·庇古 150
研究经济学家 8
衍生品 78~79、82、83
羊群效应/从众心理 72、73
养老金 111、145
移民 69
遗嘱 145
以物易物 16
意外 144~145
银 16、17
银行
银行卡 26、128
银行账户 12、13、20、128~129
应用经济学 9
英格兰银行 103
盈余 38~39、57、99
硬币 16~17
佣金、手续费 140~141
优势与劣势 108~109
优质商品 53
尤金·法玛 148
有限理性 88

有限责任制 44
与工资 136
与工作条件 35、120、137
与海外援助 112~113、121
与环境 92~93
与竞争 46
与贫困 104~105、110
与全球化 108~109
与行业 49
与资源管理
郁金香狂热 72
预测 26
原材料 36、50、51、53、69、108
援助 112~113
援助 112~113、121
约翰·福布斯·纳什 150
约翰·肯尼斯·加尔布雷斯 17、49、57、148
约翰·梅纳德·凯恩斯 25、32、47、64、11、117
约翰·斯图尔特·密尔 42、149
约瑟夫·斯蒂格利茨 151
约瑟夫·熊彼特 47、150
运营 50~51、52~53

Z
在发展中国家 108~109
在发展中国家 108~109
在线交易 21、22、59
在线银行服务 128
债权人 45
债券 45、80、82、101
债务
债务包 83、90
债务人 45
债务证券 82、83
詹姆斯·托宾 151
张夏准 148
证券 82~83、90

政府债券 82
政治 65
政治经济学家 8
支票 12、20
芝加哥学派 24、118
直接税 77
职位，请参见工作
职业、事业 125、127
纸币 6~7、17
纸币、钞票、现金 16~17、20
制定预算 130~131
制定预算 130~135、146
制造商品 37、41、43、48、58
智能卡 21
智能手机 21
种族平等 137
助学贷款 134
住宅合作社 54、55
资本主义 42~43、47、49
资金筹集 45
资源管理 27、30~31、60
自谋职业/创业 127
自然灾害 30、121
自然资源 30~31、60、71、92、93、105、108
自身利益 86、87
自由 66~67
自由贸易 66~67
自由贸易区 68
自由市场 25、46~47、49、64~65、71、77、86~87
自由与平等 119
自由主义 65
自由主义经济 25、47、64、65
走私 94
租金/租赁 131、132、147
组建家庭 145、147
作为价值衡量标准 13

致谢

本书的创作要感谢Derek Braddon、John Farndon、Camilla Hallinan、Hazel Beynon和Helen Peters对本书局部内容的创作和帮助。

还要感谢如下人员允许本书使用他们的图片：

(Key: a–above; b–below/bottom; c–centre; f–far; l–left; r–right; t–top)

6 **Dreamstime.com**: Ilfede (c); Mariasats (cl). 6–7 **Dreamstime.com**: Wiktor Wojtas (c). 7 **Dreamstime.com**: Robyn Mackenzie (c); Paul Prescott (cl); Franz Pfluegl (cr). 10 **Dreamstime.com**: Frenta. 15 **Corbis**: Ed Eckstein (tr). 16 **Corbis**: Mark Weiss (bc). 19 **Corbis**: Photomorgana (tr). 21 **Dreamstime.com**: Monkey Business Images (br). 25 **Dreamstime.com**: Pariwatlp (br). 28–29 **Dreamstime.com**: Bo Li. 30 **Corbis**: Bojan Brecelj (bc). 32 **Corbis**: Stefano Bianchetti (br). 37 **Dreamstime.com**: Zorandim (br). 39 **Corbis**: Lynn Goldsmith (br). 40 **Dreamstime.com**: Matyas Rehak (bc). 42 **Bridgeman Images**: Universal History Archive/UIG (bc). 46 **Dreamstime.com**: Dave Bredeson (cl). 48 **Corbis**: AS400 DB (bc). 51 **Corbis**: Helen King (br). 53 **Corbis**: (cr). 56 **Dreamstime.com**: Konstantinos Papaioannou (bc). 62–63 **Dreamstime.com**: Wiktor Wojtas. 65 **Corbis**: Mike Segar/Reuters (br). 67 **Corbis**: AS400 DB (tc). 69 **Dreamstime.com**: Yanlev (br). 71 **Corbis**: (br). 75 **Dreamstime.com**: Tebnad (crb). 77 **Dreamstime.com**: Tatiana Belova (br). 79 **Dreamstime.com**: Kasto80 (br). 80 **Dreamstime.com**: 3quarks (bl). 82 **Dreamstime.com**: Audiohead (bc). 87 **Dreamstime.com**: Andrey Burmakin (br). 88 **Corbis**: Carsten Rehder/dpa (bc). 92 **Dreamstime.com**: Alexmax (bc). 99 **Corbis**: Harish Tyagi/Epa (br). 100 **Corbis**: Hulton-Deutsch Collection (bc). 103 **Alamy Images**: Zuma Press Inc. (tr). 105 **Dreamstime.com**: Sergiy Pomogayev (tr). 108 **Dreamstime.com**: Karnt Thassanaphak (bc). 111 **Corbis**: Bettmann (br). 113 **Dreamstime.com**: Komprach Sapanrat (br). 116 **Dreamstime.com**: Joophoek (bc). 118: **Corbis**: Roger Ressmeyer (bc). 122–123 **Dreamstime.com**: Alexkalina. 125 **Dreamstime.com**: Tom Wang (tr). 126 **Dreamstime.com**: Diego Vito Cervo (bl). 128 **Dreamstime.com**: Maxuser2 (bc). 131 **Dreamstime.com**: Nasir1164 (tr). 133 **Dreamstime.com**: Ljupco Smokovski (tr). 134 **Dreamstime.com**: Andrey Popov (bc). 139 **Dreamstime.com**: Rangizzz (br). 141 **Dreamstime.com**: Matyas Rehak (br). 143 **Corbis**: Bombzilla (br). 145 **Dreamstime.com**: Epicstock (br).

Cover images: Front: **123RF.com**: Lorna Roberts (tc, cla); Sylverarts (br). Back: **123RF.com**: Lorna Roberts (cl); Sylverarts (crb); **Dreamstime.com**: Sylverarts (tr). **iStockphoto.com**: Sylverarts (cla). Spine: **Dreamstime.com**: Sylverarts (t).

All other images © Dorling Kindersley
更多信息，请登录网站：www.dkimages.com。